Antje Bargmann

Ein Jahr im Tessin

Antje Bargmann

Ein Jahr im Tessin

HERDER
FREIBURG · BASEL · WIEN

MIX
Papier aus verantwortungsvollen Quellen
FSC® C083411
FSC www.fsc.org

Originalausgabe

www.herder.de

Satz: Dtp-Satzservice Peter Huber, Freiburg
Herstellung: CPI books GmbH, Leck

Printed in Germany

ISBN 978-3-451-06904-8

Inhalt

Mai

„Mit den deutschen Männern bin ich fertig." Mir ist ein Kopfhörer herausgerutscht, sodass ich plötzlich höre, was auf dem Vierersitz hinter mir gesprochen wird. „Denen fehlt jeder Sinn für Romantik und Leidenschaft." Eine zweite Frauenstimme drückt mit einem zurückhaltenden „Hmm" ihre Zustimmung aus. Ich stecke meinen Kopfhörer wieder ins Ohr, weil mich das Ehepaar auf den Plätzen gegenüber beobachtet. Dabei stelle ich unauffällig die Musik leise. „Die Sprache der Liebe kann für mich nur noch Französisch oder Italienisch sein. Das ist wie Musik!" Sie seufzt laut. Wieder kommt ein leises „Hmm" als Antwort. „Willst du ein Stück Banane? Ist aber etwas matschig!" „Nein, danke!" Ich drehe mich unauffällig nach hinten um und schaue über die Sitzlehne. Eine Frau meines Alters im selbstgebatikten Kleid mit rot gefärbten Haaren schält eine überreife Banane. Sie hat ihren Platz in dieselbe Fahrtrichtung wie ich. Ihre Gesprächspartnerin mit asymmetrischer Kurzhaarfrisur sitzt ihr gegenüber. Ich kann sie nicht von vorne sehen, dafür fällt mein Blick auf das Buch in ihrer Hand. Auf dem rosa Einband küssen sich zwei Menschen am Strand. „So einen Italiener an meiner Seite kann ich mir richtig gut vorstellen", seufzt die Rothaarige weiter. „Wir müssen unbedingt die Augen offenhalten." Ihre Freundin nickt. Dann sagt sie leise: „Aber wir sind ja eigentlich im Tessin. Ein Schweizer wäre doch auch nett, oder?" Die andere kichert so schrill, dass der italienische Geschäftsmann am Laptop auf dem Nachbarsitz erschrocken hochschaut. „Wenn er aus dem Tessin kommt, okay. Das ist ja wie Italien! Oh, sag mal, müssen wir nicht raus? Das ist doch jetzt Bellinzona." Ich reiße erschrocken meine Kopfhörer herunter und stopfe sie in meine Tasche. Tatsächlich, der Blick auf die Uhr sagt, dass wir in wenigen Minuten in Bellinzona ankommen werden, als erster Halt auf der Alpensüdseite nach dem Gotthardtunnel. Auch ich muss umsteigen. Ich blicke raus. Von einer Stadt ist dort aber nichts zu sehen. Müssten wir nicht längst durch urbane Siedlungen kurven? Und wo sind die Palmen und Zitronenbäumchen, die mir der Reiseführer für mein neues Domizil am Lago Maggiore verspricht?

Stattdessen Alpenidylle wie im Heimatfilm: putzige Steinhäuschen, Esel, Kühe und Schweine, die glücklich durch einen Wald toben. An der Zugstrecke liegen kleine Dörfchen mit historischen Häuserfassaden, dazwischen alte Villen mit der leicht verwitterten Aufschrift „Albergo". Eine Bilderbuchszenerie, eingefasst in einen Rahmen aus imposanten Felswänden. Darauf bin ich jedoch nicht eingestellt. Ich erwartete weniger Gebirge, dafür mehr Urbanität und mondäne Italianità. So habe ich meine Koffer gepackt. Und so habe ich es auch blass in Erinnerung. Denn es ist nicht mein erster Besuch am Lago Maggiore. Ich war schon einmal im Tessin, mit fünf Jahren. Lange Zeit habe ich mich danach gefragt, wo dieser karibische Ort mit den in der Sonne wedelnden Palmen, dem glitzernden See und den italienisch sprechenden Menschen bloß war. Denn Italien war es nicht, da war ich mir sicher.

Mehrere große Burgen tauchen nach einer Kurve unvermittelt auf. Der Zug fährt in den Bahnhof ein. Ich greife nach meinem Überseekoffer, der Reisetasche und dem Trekkingrucksack und wuchte alles zur Tür. Auf dem gegenüberliegenden Bahnsteig steht schon der Regionalzug nach Locarno, die beiden Frauen vom Nachbarsitz springen gerade hinein. An der Endstation werde ich von einer mir unbekannten Person abgeholt. Dann fahren wir mit dem Auto weiter nach Italien. Denn dort will ich hin. Das ist mein erklärtes Sehnsuchtsziel.

Deutschland, drei Wochen vorher. „Ein Hotel? Und dort suchen sie eine Aushilfe?“ „Richtig!“ „Hast du nicht eben noch gesagt, eine Eisdiele?“ – „Ach so, ja, kann auch sein. So genau weiß ich das nicht. Aber ist doch egal. Hauptsache Italien! Da wolltest du doch hin, oder?“ Das stimmt. Also frage ich wieder ins Telefon: „Und was soll ich da machen?“ „Na ja, aushelfen eben. Sie suchen auf jeden Fall jemanden aus Deutschland. Sonst hätten sie ja nicht die Jobanzeige bei uns aufgegeben.“

Hm. Also für mich klingt das schon mal ganz überzeugend. Es geht um „Italien“, ein Land voller Verheißungen, schöner Menschen, großartigem Essen und immer strahlender Sonne, was kann man da falsch machen. Zumal ich, gerade als mich der Anruf meiner Ex-Kommilitonin in meiner Einzimmerwohnung erreicht, in einem Prospekt mit dem Titel „Arbeiten im Ausland“ blättere. Als ich unter der Kategorie „Animateur im Hotel“ den Hinweis entdecke, dass der erste Monat unbezahlt ist, starre ich nachdenklich hinaus in den Regen und auf die gegenüberliegende Häuserfront. Kann mein Plan, nach dem Uniabschluss mit einem Saisonjob im Ausland Geld für Praktika zu verdienen, aufgehen, wenn gar kein Gehalt gezahlt wird? „Wie kommst du eigentlich auf mich?“, will ich noch wissen. „Na ja, ich habe doch hier den Job bei der Arbeitsvermittlung. Da erhielten wir die Anfrage aus Italien. Und mir fiel ein, dass du mal gesagt hast, da würdest du gerne hin.“ „Vielen Dank, ich denke drüber nach und melde mich wieder“, sage ich.

Keine Stunde vergeht, und das Telefon klingelt erneut. Bei einer Verbindung, die rauscht, als käme sie direkt vom Mond, höre ich eine Frauenstimme in den Hörer rufen:

„Pronto? Ciao? Bin ich da richtig?“ Vor Überraschung bleibt mir die Stimme weg. „Pronto? Pronto?“ Das Rauschen sticht in mein Ohr, sodass ich den Hörer auf Abstand halten muss. „Hallo, ja, ich höre Sie. Hallo!“, sage ich endlich. „Ciao, ich bin Christa. Aus Cannero Riviera im Piemont. Ich habe gehört, du möchtest bei uns in der Trattoria arbeiten?“ „Ja, also entschieden habe ich das noch nicht. Ich wollte darüber nachdenken.“ „Das wäre toll. Wir brauchen ganz dringend Verstärkung für die Hochsaison. Hast du ein bisschen Gastronomieerfahrung?“ „Zählt da Eisdiele und Mittagsservice im Altersheim dazu?“ „Ja sicher, super. Wir suchen jemanden für sofort. Kannst du?“ Auf gar keinen Fall, denke ich. Ich muss erst meine Wohnung auflösen, meine diversen Hilfsjobs fristgerecht kündigen und eine Abschiedsparty veranstalten. „Unser kleines Lokal liegt direkt am Lago Maggiore, mein Mann ist Italiener und ich bin Deutsche. Wir bezahlen dir einen Sprachkurs.“ „Tja, das klingt ja alles sehr interessant, aber ich muss mir erst einmal überlegen, ob ...“ „Vor deinem Personalzimmer stehen Palmen und du kannst jeden Tag im See schwimmen!“ „Gut, ich bin dabei!“ Ich lege auf. Das ist ja ein Ding. Noch am Morgen habe ich meinen Eltern, die mit einem Lehrerkollegenpaar in meiner Stadt die Schulbuchmesse besuchten, erklärt, dass ich noch nicht genau wüsste, was ich jetzt mache. Und nun das. Was wird das für eine Überraschung am Abend geben.

„Nein! Das verbiete ich.“ Mit dieser Reaktion habe ich nicht gerechnet. „Mama, ich bin erwachsen. Du kannst mir doch nichts verbieten.“ „Doch! Wir haben dir dein Studium nicht finanziert, damit du jetzt Kellnerin wirst und in einem dubiosen Lokal in Italien verschwindest. Du willst doch zur Zeitung. Oder zum Fernsehen.“ Ach, plötzlich ist Zeitung okay. Und jetzt auch noch Fernsehen. Es ist immerhin das erste Mal, dass mir bei einer solchen

Debatte nicht vorgeschlagen wird, doch noch Lehrerin zu werden. „Ja, aber um einen Job bei einer Zeitung zu bekommen, muss ich noch weitere Praktika machen. Die kann ich nur finanzieren, wenn ich vorher jobbe. Außerdem möchte ich zu einer deutschsprachigen Zeitung im Ausland und dafür muss ich noch meine Sprachkenntnisse verbessern."

Meine Mutter ist noch nicht fertig: „Es ist viel zu gefährlich, du weißt doch gar nicht, wo du da landest!" „Ihr kennt den Lago Maggiore doch. Wir haben da Urlaub gemacht." „Das war im Tessin, in der Schweiz. Du bist in Italien, das ist etwas ganz anderes!" Gut, ich gebe auf. Zumindest die Überzeugungsarbeit. Und sage am nächsten Tag im Ristorante Gatto Rosso in Cannero Riviera verbindlich zu.

Am Bahnhof Locarno, Schweiz. „Ich stehe im Halteverbot, glaube ich", sagt die dunkelgelockte Frau, die mich an der Endstation des Zuges gut gelaunt begrüßt. „Ich sollte lieber schnell wieder zum Auto zurück." Christa nimmt mir eine Tasche ab und läuft los. Mein Hals ist wie zugeschnürt. An Christa liegt es nicht. Sie hat sehr fröhlich gewunken, als ich ausstieg. Offenbar war es ein Leichtes für sie gewesen, mich unter den ganzen Schülern, Senioren und übrigen Mitfahrern heraus zu erkennen. Keiner blickte so misstrauisch aus dem Waggon heraus wie ich. Die letzten zehn Minuten ging die Fahrt tatsächlich an einer mit Palmen gesäumten Seepromenade entlang. Mit Abendsonne. Doch vor Aufregung konnte ich die Aussicht nicht genießen.

Ich laufe mit Christa zum Auto. Das steht nicht nur im Halteverbot, sondern leicht schief auf einem gelb gekennzeichneten Stellplatz mit der Aufschrift „Polizia". „So, jetzt geht's hoffentlich schnell mit der Rückfahrt. Ich muss noch den Babysitter abfangen."

Eine halbe Stunde später schleppe ich mein Gepäck eine steile Gartentreppe nach oben. Christas Auto steht unterhalb vom Haus direkt an der Uferstraße, die wir in unendlichen Kurven, immer am See entlang, über die Landesgrenze bis nach Cannero Riviera gefahren sind. Als ich aussteige, rauscht gerade ein Bus vorbei, der beinah die Fahrzeugtür mitnimmt. Mein Zimmer liegt im ersten Stock. Quietschend öffnet Christa dort die abgeblätterten Fensterläden – und ich blicke über Palmen, den See und auf das mir zu Füßen liegende Dorf. Filmkulisse, kommt mir in den Sinn. Als ob Walt Disney ein typisches italienisches Dörfchen entworfen hätte. Kleine, ineinander verschachtelte Häuschen liegen vor mir auf einer kleinen Halbinsel, die in den See hinausragt. Das Zentrum bildet der Turm einer Kirche, deren Glocken genau in dem Moment zu schlagen beginnen. Die untergehende Sonne strahlt die gegenüberliegenden Berge an.

Es rumst und kracht auf dem Flur. Erschrocken drehe ich mich zur Tür. „Oh, Domenico geht weg“, sagt Christa. „Wahrscheinlich hat er ein Date“, ergänzt sie und kichert. Ich gucke sie verwundert an. „Warte ab!“ Ich schaue erneut zum Zimmereingang. Ein Schlurfen ist zu vernehmen, das vor meiner Zimmertür abrupt endet. Für einen Moment passiert nichts. „Ciao Mino“, ruft Christa dann. Ein Kopf schiebt sich in das Zimmer. Zwei Augen hinter dicken Brillengläsern scannen erst mich, dann mein Gepäck, dann wieder mich. „Eh, ciao“, grüßt Domenico. Und sagt etwas zu mir, das ich nicht verstehe. Inzwischen steht er mitten im Raum und lächelt schief, eine unvollständige Zahnreihe blitzt mir aus einem schlecht rasierten Gesicht entgegen. Ich gucke fragend Christa an. „Mino ist unser Lavapiatti, der Tellerwäscher“, erklärt sie. „Heute ist sein freier Tag.“ Und an ihn gewandt: „Fai un giro?“ „Eh, si!“ „Bene!“ Dann deutet sie auf mich: „È la nostra nuova cameriera!“ Das habe ich verstanden: Christa stellt mich als neue Kellnerin vor. Ich nicke und gebe mir Mühe, dabei ein fröhlich motiviertes Gesicht zu machen. Mino sagt wieder etwas, was ich nicht verstehe. Schließlich löst er sich, wenn auch sichtlich widerwillig, von der Szenerie und schlurft langsam aus dem Zimmer. Ich höre ihn die Treppe hinunterstampfen. „Verstanden habe ich irgendwie kaum etwas“, sage ich zu Christa. „Er hat mich wohl begrüßt, oder?“ „Er hat gesagt, dass im linken Küchenschrank seine Sachen drin stehen und du da nicht ran gehen sollst.“

Nach einer kurzen Hausbesichtigung verabschiedet sich Christa mit den Worten: „Ich muss den Babysitter ablösen. Der kann nur bis 18 Uhr bleiben.“ Ich blicke auf die Uhr, es ist 19.05 Uhr. Von der Gartentreppe ruft sie mir noch zu. „Du, um 20 Uhr gehen wir etwas essen unten am See. Komm doch mit. Der Koch ist auch dabei, dann lernst du ihn gleich kennen.“

Gegen Mitternacht falle ich todmüde in mein schon etwas durchgelegenes Bett. Einmal stehe ich noch auf und überprüfe die Türverriegelung in Form eines Gehstocks unter der Türklinke, dann lasse ich kurz den Abend Revue passieren. Drei Stunden lang habe ich mit Christa, ihrem Mann Marco, zwei gelangweilten Schulkindern, einem quengeligen Baby, diversen Freunden der Familie, dem Koch und dem Barkeeper am Tisch im Lokal gesessen und versucht, im Stimmengewirr Wortfetzen zu verstehen. Als musikalische Untermalung lief erst ein ganzes Album von Eros Ramazotti, von dem ich dachte, dass ihn in Italien keiner hört. Anschließend wurde eine Art Folklore-Pop im regionalen Dialekt aufgelegt, bei dem alle mitsangen. Die Anwesenden haben mich eigentlich ganz freundlich aufgenommen, soweit sie mich überhaupt beachteten. Der ebenfalls neu angestellte Barista, Barkeeper, aus Spanien, knuffte mir zur Begrüßung in die Seite, der Koch lächelte mich während des Essens milde an. Zu Christa gewandt, meine Sprachbarriere höflich berücksichtigend, fragte er dann: „Wie lange bleibt denn deine Freundin aus Deutschland zu Besuch? „Ma no, è la nuova cameriera!“ Stille am Tisch. Alle Köpfe drehten sich zu mir um. Koch und Barkeeper warfen sich einen kurzen Blick zu. Das milde Lächeln aus dem Gesicht des Kochs verschwand und seine Augen verengten sich zu schmalen Schlitzen. Was immer das zu bedeuten hat. Ich muss jetzt erst einmal schlafen.

„Määärtsche?“, klingt es scharf durch das heruntergelassene Autofenster. Ein Augenpaar blickt uns misstrauisch an. „Hä?“ Ich schaue auf Piedro, in der Hoffnung, dass der damit etwas anzufangen weiß. „Merce?“ antwortet dieser dem Zollbeamten. „No, nulla da dichiarare.“ Ach so, es geht darum, ob wir Ware zu verzollen haben. Logisch. Der Schweizer Uniformierte scheint aber nicht zufrieden zu sein. „Passaporti, per favore!“ Wir reichen ihm unsere Pässe. „Arbeiten Sie in der Schweiz?“, hakt der Zöllner auf Italienisch weiter nach. Wieder der misstrauische Blick. „No, no“, schüttelt Piedro den Kopf. Er reißt mir die abgegriffenen Bücher aus der Hand, die mir Christa gestern nach dem Essen noch in die Hand gedrückt hat. Mit *Grammatica. Italiano I* vor dem Fenster herumfuchtelnd erklärt er: „Wir fahren zur Sprachschule nach Locarno. Sie lernt Deutsch und ich Italienisch.“ Der Zollbeamte schaut uns prüfend an und deutet dann auf mich. „Sie stammt aus Deutschland und kann gar kein Deutsch? Was spricht sie dann?“ „Ach, nee, anders herum“, sagt Piedro. „Sie macht einen Italienischkurs. Ich brauche Deutsch für meinen Job als Barista im Restaurant ... also in Italien“, ergänzt er hastig.“ Der Zollbeamte durchbohrt uns immer noch mit seinem Blick. Doch er gibt uns die Pässe zurück. „Zum

Deutschlernen ist Locarno der falsche Ort“, schiebt er hinterher. Piedro nickt dem Mann zu und gibt Gas. Der in die Jahre gekommene Fiat 500 des Restaurants setzt sich lärmend und mit Rauchwolke in Bewegung. Im Gefolge zahlreicher anderer italienischer Fahrzeuge, die offenbar auch alle ins Tessin wollen, kurven wir Locarno entgegen. Der Lago Maggiore glitzert in der Sonne.

Der Italienischkurs war Christas Idee. Das ist offenbar üblich bei auswärtigem Personal. Der Deal: Sie bezahlt den Kurs, gibt mir das Geld dafür aber erst am Ende der Saison. Damit soll offenbar verhindert werden, dass ich nach dem Italienischkurs in einer Nacht- und Nebelaktion wieder aus dem Land verschwinde. Jetzt muss ich zwar noch eine Finanzquelle ausfindig machen, um die happige Kursgebühr in Schweizer Franken vorzustrecken. Doch nach meinen ersten zwölf Stunden am Lago Maggiore halte ich einen „Auffrischungskurs“ Italienisch für durchaus sinnvoll.

Der Vormittag in Locarno vergeht schnell. In der Pause laufe ich mit mehreren Sprachschülern zur Piazza Grande in der Ortsmitte, um Cappuccino zu trinken und ein Brioche zu essen. Der große Platz mit der Altstadtfassade und den Arkaden gefällt mir spontan sehr gut. Die Sonne brennt für Mai überraschend stark auf die zahlreichen Cafés und Restaurants herunter, sodass wir einen Tisch unter einem Sonnenschirm auswählen. Entspannt lehne ich mich in dem Plastikstuhl des Cafés zurück. Mit meinem milchgeschäumten Kaffee fühle ich mich schon richtig wie eine Italienerin. Nur schade, keine Sahne drauf, wie bei meinem Lieblingsitaliener in Deutschland. „Heute Abend ist also dein erster Arbeitseinsatz im Restaurant?“, holt mich Urs, ein Schweizer aus Bern, in die Realität zurück. Ich seufze. „Ja, nachher geht's los. Aber es wird ein sanfter Einstieg. Meine Chefin meint, wir müssen noch auf meine Arbeitsgenehmigung warten und ich soll daher nur zum Eingewöhnen ein, zwei Stunden im Service mithelfen." „Gut. Wenn du nach der Schule mal Zeit hast, kann ich dir die Altstadt von Locarno zeigen", meint Urs weiter. „Und du solltest dir unbedingt das Valle Verzasca und das Valle Maggia anschauen. Die Flüsse und ihre Täler sind für mich das Schönste im Tessin." Er dreht sich zu seinem Tischnachbarn: „Oder was meinst du, Daniel?" Daniel, der den Parallelkurs besucht und ein Freund von Urs zu sein scheint, dreht sich gerade eine Zigarette. „Diese Täler sind so überlaufen, finde ich. Ich fahre lieber ins obere Muggiotal." „Wo ist das denn?" „Bei Chiasso." Urs wendet sich wieder an mich. „Wenn du einfach nur mal die Aussicht über den Lago Maggiore genießen willst, dann solltest du auf Cardada über Locarno fahren. Im Winter gibt es dort sogar Skipisten." „Echt, hier kann man Skifahren?" frage ich beeindruckt. „Das habe ich noch nie gemacht. Als Kind war das immer mein Traum." „Das kann man auch als Erwachsener noch lernen", sagt Urs. „Ich habe schon als Skilehrer gearbeitet! Wenn du willst, machen wir mal eine Lektion." Ich lache. „Das Angebot klingt verlockend. Danke. Aber im Winter bin ich nicht mehr hier!"

Als ich nach dem Unterricht vor die Schule trete, steht dort schon Piedro mit dem roten Kleinwagen. Keine Chance mehr, in Locarno noch Zeit zu schinden. Der Spanier tritt hochmotiviert aufs Pedal: „So und jetzt machen wir mal ordentlich Tempo. Wir puschen das Adrenalin für heute Abend!" Der Fiat heizt die Kurven zurück in Richtung Italien, so langsam ist mir der Weg vertraut. An der Grenze steht wieder unser uniformierter Freund von heute Morgen. Er blickt noch einmal streng herüber, wendet seine Aufmerksamkeit aber dann den Autos der Gegenrichtung zu. Anders die italienischen Zöllner drei Meter weiter. „Merda, was ist da denn los?“, murmelt mein Kollege. Er trommelt angestrengt auf dem Lenkrad herum. Ein Auto wird gerade an der Straßenseite von den Zollbeamten komplett auseinandergelegt. Hunde durchschnüffeln den Innenraum, der Kofferraum wird mit Taschenlampen ausgeleuchtet. „Tja“, sage ich. „Wenn die gedacht haben, Drogen mit rüber zu nehmen, dann haben sie jetzt ein Problem.“ Der vorher noch so aufgekratzte Piedro sagt nichts. Langsam fahren wir am Zollhäuschen vorbei. Einer der italienischen Zollbeamten winkt uns durch. Er ist wie seine Kollegen viel zu sehr mit dem anderen Fahrzeug beschäftigt. Piedro winkt zurück. „Ein Glück“, sagt er dann, während er die Umdrehungszahlen des Motors hochjagt. „Ich dachte schon, sie schauen in den Kofferraum. Mit den ganzen Benzinkanistern hätten wir jetzt sicher Ärger bekommen. „Welche Benzinkanister?“, frage ich irritiert. „Die ich unserem Chef Marco für seine Boote mitbringen soll. Habe ich vorhin alle in der Pause abgefüllt. Benzin ist in der Schweiz doch viel billiger.“

18 Uhr. Weiße Bluse, schwarze Hose und schwarze Schürze: Ich habe meinen ersten Auftritt in der Küche vom Gatto Rosso. Mir gegenüber auf der anderen Seite vom Edelstahl-Küchentresen steht mit verschränkten Armen Chefkoch Fabio und blickt mich durchdringend an. Um ihn herum hat sich neugierig seine Crew geschart. Ich erkenne Mino, den Tellerwäscher. Er grinst wieder so verschlagen wie bei unserer ersten Begegnung im Personalhaus. Hilfesuchend schaue ich mich nach Christa um. Sie wollte mich dem Küchenteam vorstellen und für den Anfang bei der Verständigung helfen. Weit und breit ist jedoch nichts von meiner Chefin zu sehen.

„Da ist Salat“, blafft Fabio plötzlich. Hochkonzentriert

versuche ich seinem Italienisch zu folgen. „Nimm dir einen Teller. Ich lege dir ein Schnitzel drauf. Für das Personal ist dort im Nebenraum der Tisch gedeckt." „Äh, sono vegetariana, ich bin Vegetarierin ..." Fabio erstarrt. Ich sehe, wie die gesamte Küchencrew die Luft anhält und ihren Chef beobachtet. Der stützt sich auf seinen glänzenden Stahltresen und lehnt sich zu mir vor. „Du bist ... was?" „Ähem, vegetariana. Ich esse kein Fleisch." Fabio schaut mich sprachlos an. Er sieht aus, als ob er nur mühsam seine Beherrschung im Griff hätte. „Ich ... ich kann Salat essen", beeile ich mich zu erklären. „Mit Brot!" Gerade sehe ich, wie eine der Küchenhilfen im Hintergrund Brotstangen aus dem Ofen holt. Fabio schüttelt genervt den Kopf und dreht sich dann seinem brodelnden Topf auf dem Herd zu. „Vegetarisch", höre ich ihn leise schimpfen. „Was ist das denn für ein Quatsch?" Ich greife angespannt zum Salatbesteck. Ein junger Mann, der zuvor neben Fabio stand und ebenfalls einen Kochkittel trägt, kommt näher. „Vuoi pasta pomodoro?" Pasta mit Tomatensoße? Ja, gerne. Drei Minuten später habe ich einen Teller mit dampfenden Nudeln vor mir stehen. Fabio wirft einen vernichtenden Blick drauf, während er sich selbst an den Tisch hockt. Dann verliert er das Interesse an mir, wendet sich den übrigen Mitarbeitern zu und setzt zu einem längeren Monolog an, dem alle unwidersprochen folgen. Inhaltlich komme ich nicht mit. Ein junger Mann, der als Küchenhilfe arbeitet, lächelt mir freundlich zu. „Mi chiamo Igor", sagt er leise, ohne Fabio in seinem Redefluss zu stören. „Aus Mazedonien. Ich wohne auch oben im Haus." Er macht einen sympathischen Eindruck. Ich bin froh, dass ich meine Unterkunft nicht nur mit Mino teile.

„Via", tönt es wenig später aus der Küche. Giulia, eine junge Italienerin, die mit mir im Service arbeitet, stupst mich im Vorbeirennen an. „Fabio ruft!", sagt sie. „Bei ‚Via' steht warmes Essen auf der Anrichte." Ich laufe hinter Giulia in die Küche. Der Koch wartet schon: „Allora: Zweimal Spaghetti frutti mare an Tisch F2. Achtung, Teller sind heiß." Ich greife die beiden Portionen. Zwei krebsartige Meerestiere, die oben auf dem Berg von Muscheln und Nudeln hocken, halten mir ihre Scheren entgegen und blicken mich traurig an. Das soll jemand essen? Ich steuere mit den Tellern in den Saal zurück. Moment, was war jetzt F2? Cortile 2? Nein. Terrasse 2? Auch nicht. Ach ja, Finestra 2, ein Tisch auf der Fensterseite im großen Saal. Zwei Touristen blicken mich interessiert an, als ich die beiden Teller vor ihnen absetze. „Sind Sie neu? Wir haben Sie noch nie gesehen, kommen aber jedes Jahr her." „Ja, ich habe heute meinen ersten Tag und ..." „VIIIAAAAA", kommt es verzweifelt aus der Küche. Ich lächle verlegen und rase wieder los. Mit rotem Gesicht steht Fabio hinter einer Ansammlung von großen Tellern voller exotischer Gerichte. „Branzino e Costolette d'agnello, Cortile 4. Un fritto misto di lago, F 9." Mit zwei Tellern renne ich wieder los, zu Fenstertisch 9. Dort sitzt eine mitteleuropäisch aussehende Familie mit zwei kleinen Kindern, die mit Edding-Stiften gelangweilt in Pixiebüchern herumschmieren. „Ähm, Fisch und Fleisch?" Kopfschütteln. Ich höre, wie die Kinder anfangen zu jammern. Ach nee, Cortile 4. Zwei Italiener blicken mich dort erwartungsvoll an. Ich versuche mich an Fabios Bezeichnungen der Gerichte zu erinnern. Nichts. Die beiden gucken sich verwundert an. Ich halte ihnen beide Teller zur Ansicht unter die Nase und bleibe stumm. Etwas irritiert nimmt sich die Frau dann den Teller mit dem Fisch, der Mann verweist auf das Lammkotelett. Ich stürme wieder in Richtung Küche. Ein Schweißfilm bildet sich auf meiner Stirn. Ein Blick auf die Uhr sagt mir, es ist halb acht. Am Tresen bei Barkeeper Piedro steht eine Traube von Menschen und wartet auf freie Tische.

„Weißt du, warum die Kinder an F 9 noch nichts zu essen haben?", fragt mich Giulia plötzlich von der Seite? „Keine Ahnung, denen habe ich mal Tomatensalat gebracht. Und Buntstifte." „Hast du denn bei Fabio den zweiten Gang frei gegeben? Mit Häkchen?" „Bestimmt ... Aber nur mal so hypothetisch für den Fall, dass ich das nicht getan habe. Was passiert dann?" Giulia zieht kurz Luft durch ihre Zähne. „Ui, okay, ich gehe zu Fabio und übernehme das. Sag du ihm nichts." Ich höre lautes Fluchen aus der Küche, kurz darauf läuft Giulia mit zwei halben Portionen Spaghetti Bolognese an mir vorbei. Ich schaue wieder auf die Uhr: Viertel vor acht. Müsste es nicht schon viel später sein?

Auf einmal steht eine frisch frisierte, gut aufgelegte Christa neben mir: „Hallo, hast du dich schon eingelebt? Scheint doch super zu klappen, oder? Ich musste vorhin noch auf den Babysitter warten." Sie greift gerade nach dem großen Buch mit den Tischreservierungen, da fällt ihr noch was ein. „Du, gute Nachrichten. Deine Arbeitsgenehmigung ist da. Ich habe vorhin noch bei der Questura nachgefragt. Morgen können wir den Schein abholen. Du kannst also heute schon ganz normal bis zum Schluss arbeiten!"

Der nächste Tag begrüßt mich mit heftigem Muskelkater in Fingern und Beinen. Dass die Sonne den kleinen Ort unter meinem Balkon schon früh postkartenreif in warmes Licht taucht, musikalisch begleitet vom aufgeregten Zwitschern der Schwalben, kann ich nur im Vorbeilaufen wahrnehmen. Fast verpasse ich meine Fahrgemeinschaft in die Schweiz mit meinem Kollegen vom Barservice. Der ist schon wieder in Höchstform und lässt zur Begrüßung den Motor des alten Fiats zweimal aufheulen. Seine geröteten Augen, die mit kleinen Pupillen aus schattig-dunklen Höhlen hervorblinzeln, deuten auf einen ausgiebig genossenen Feierabend hin.

Piedro setzt mich nach dem Unterricht wieder vor dem Personalhaus ab. Ich überlege kurz, ob ich mir etwas zu Essen kochen soll, entscheide mich aber spontan um, als ich Mino in der Küche antreffe. Er wirft mir einen genervten Blick zu, während er sich einen Löffel mit Joghurt in den Mund schiebt. Ich verlasse schnell die Küche und das Haus und beschließe, mir irgendwo im Ort eine Pizza oder ein Panino zu holen.

Mein Weg führt mich als Erstes zur großen Kirche und einer kuriosen Grotte, in der der Altar unter freiem Himmel steht. Dann laufe ich hinunter an den See und stelle fest, dass es tatsächlich einen richtigen Badestrand aus Sand und Kies gibt. Ein Holzfloß auf dem in der Sonne glitzernden Wasser lädt zum Schwimmen ein. Ich halte meine Hand in den eiskalten See und beschließe, mit dem Baden noch ein paar Wochen zu warten. Nach einem Spaziergang entlang der Promenade lande ich in den kleinen Gassen des Ortskerns – und stehe unvermittelt vor unserem Lokal. Vor der Holztafel mit dem Tagesangebot treffe ich auf einen jungen Mann mit langen Haaren und Federschmuck. Er grinst, als er mich sieht. Saß der nicht gestern Abend noch an der Theke im Gatto? Neben einem Typen mit verfilzten Rastazöpfen und einem älteren Herrn in Begleitung eines riesigen Hundes mit blau lackierten Krallen ist er kaum aufgefallen. „Pesce melba“, liest er laut das Menü vor. „Ist das der Nachtisch?“ „Si!“, antworte ich ohne anzuhalten. Natürlich. Denn Pfirsich mit Sahnehäubchen, wie es von mir wohlklingend ins Deutsche übersetzt wurde, wäre als Hauptgericht wohl eher ungeeignet. Anders als das „Saltimbocca“ gefolgt auf „Spaghetti aglio olio peperoncino“, was mir Fabio als Menüabfolge auf einem kleinen Notizzettel in der Küche hinterließ. Das Schreiben des Tagesangebots in zwei Sprachen auf der Holztafel vor dem Lokal ist von nun an meine Aufgabe und wurde mir von Christa gestern feierlich übertragen. Schließlich hätte ich studiert, wie sie mir erklärte.

Ich laufe die Gasse weiter bergab in Richtung Seepromenade. Da höre ich den Typen hinter mir herrufen: „Interessante Variante, euer Dessert. Handelt es sich um einen *pesce* aus dem See oder aus dem Meer?“ Ich bleibe abrupt stehen. O Mist, kommt es mir in den Sinn. Pesce ist Fisch, pesca ist Pfirsich. Wenn Fabio das sieht, bekommt er seinen nächsten Tobsuchtsanfall. Selbstbeherrschung und Diplomatie scheinen ja nicht so seine Stärken zu sein. Ich drehe mich um und betrete die Pizzeria. Drinnen räumt während des Mittagsdienstes gerade Marco, der Lokalchef, die Theke auf und guckt mich kurz überrascht an. „Hab meine Jacke gestern irgendwo vergessen“, nuschle ich und greife unauffällig nach der Kreide im Regal mit den Cola-Gläsern. Als ich wieder rausgehen will, hebt Marco noch einmal den Kopf und fragt etwas zerstreut: „Sag mal, du hast nicht zufällig die Edding-Stifte von Fabio gesehen? Die sind verschwunden, und er weiß nicht, womit er das Wochenangebot fürs Menü schreiben soll.“ Mir fallen die hungrigen Kinder vom Vortag wieder ein, denen ich ein Mäppchen mit Schreibutensilien zum Malen gebracht habe. Das waren dann wohl doch keine Buntstifte. Das würde erklären, warum die Spuren der Kunstwerke immer noch von weitem auf dem Restauranttisch zu sehen sind. „Keine Ahnung“, antworte ich schnell. „Vielleicht hat Mino die gebraucht.“

Juni

„Sagen Sie mal, können Sie uns nicht für heute Abend diesen hübschen Tisch direkt vor dem Brunnen reservieren?“ „Wie bitte?“ Ich lege das Shampoo zurück ins Regal und schaue hoch. Ein Mann und eine Frau lächeln mich freundlich an. „Der Platz in dem kleinen Innenhof. Ist der noch frei?“ Warten Sie, denke ich mir im Stillen. Ich schaue nur mal schnell im großen Buch der Tischreservierungen nach. Das habe ich ja zum Einkaufen immer dabei, vor allem, wenn ich nach Locarno fahre. „So ab halb acht wäre gut, oder Irmi?“ Der Mann schaut seine Frau an. Die nickt. „Okay“, sage ich. „Sehr nett. Bis nachher!“ Beide winken zum Abschied. Um noch weiter nach einem Duschshampoo zu suchen, das über das überschaubare Sortiment des kleinen Minimarkts in Cannero hinausgeht, ist es nun zu spät. Ich bin mit Urs verabredet, der mir heute, am letzten Tag unseres Italienischkurses, Locarno zeigen will. Unter den Arkaden der Piazza Grande, wo ich bis eben die Geschäfte angeschaut und vorher eine Pizza gegessen habe, laufe ich zur Hauptpost, dem Treffpunkt.

„Urs kommt nicht“, sagt plötzlich jemand neben mir. Ich schaue mich verdutzt um. Daniel aus dem Parallelsprachkurs und Freund von Urs steht dort. Er war fast immer beim Kaffeetrinken mit dabei. Direkt gesprochen habe ich mit ihm aber noch nie. Daniel ist schön. Fast etwas zu schön mit seinen in die Stirn wehenden blonden Haaren, der schwarzen Lederjacke und der Designerjeans. Und vor allem ist er cool. So cool, dass er, während er mit mir spricht, mich nicht anschaut, sondern auf sein

Handy starrt. „Wieso?“, frage ich. „Was ist mit ihm?“ „Er sitzt schon im Zug nach Hause. Er rief mich eben an und meinte, es sei niemand am Treffpunkt gewesen. Um fünf vor zwei sei er dann gegangen.“ „Ach so?“, erwidere ich überrascht. „Aber ich war erst um 14 Uhr hier mit ihm verabredet.“ „Ja, ja, ich weiß, ich auch. Aber Urs ist der Überzeugung, dass jeder mindestens fünf Minuten vor der verabredeten Zeit auftaucht – und ansonsten gar nicht kommt.“ „Ist aber schon etwas eigen, oder?“, frage ich. „Ist das irgendwie typisch Schweizer Pünktlichkeit?“ Daniel schaut mich zum ersten Mal direkt an, kurz und ausdruckslos. „Nein“, sagt er. „Solche Pauschalisierungen kann man nicht machen.“ „Okay, nein, ich wollte auch nicht ...“ „Urs ist halt ein richtiger Berner Sturkopf!“, seufzt er dann. „Ich zeige dir jetzt die Altstadt, damit du nicht vergeblich gewartet hast.“

Eine Weile laufen wir schweigend über das Kopfsteinpflaster der Piazza Grande. „Und, was machst du so?“, frage ich dann, um das Gespräch wieder in Gang zu bringen. „Warum hast du den Kurs hier gemacht?“ „Für die Arbeit. Ich bin Journalist!“ „Ach, echt? Toll. Was genau machst du denn?“ „Na ja, man könnte sagen, ich bin Tessin-Korrespondent.“ Ich bin schwer beeindruckt. „Ach, Korrespondent? Fürs Ausland?“ „Nein, für die Deutschschweiz. Damit die erfahren, was so im Tessin passiert.“ „Für Zeitungen?“ „Meistens ja, je nach Auftrag. Obwohl natürlich auch Radio und Fernsehen an Meldungen aus dem Tessin interessiert sind.“ „Das ist ja toll. Klingt echt spannend. Mich interessiert das sehr, weil ich ja im Prinzip auch Journalistin bin. Ich habe schon mehrere Praktika gemacht in Deutschland.“ „So“, sagt er erstaunt und schaut mich zum ersten Mal direkt an. „Wo, sagtest du noch, arbeitest du jetzt?“ „Im Restaurant Gatto Rosso in Cannero, aber ...“ „Verstehe!“

Eine halbe Stunde später ist unsere Besichtigungsrunde durch die Altstadt bereits beendet. „Wie, das war's schon?", frage ich etwas irritiert. Daniel nickt. „Wir haben alles gesehen! Ich gehe jetzt zum Bahnhof." Damit verabschiedet er sich. Vor dem Castello Visconteo am großen Autokreisel bleibe ich zurück und blicke mich um. Was mache ich jetzt? Bis zur Abfahrt meines Busses nach Italien ist noch viel Zeit. Wir sind oberhalb der Piazza Grande eine lange hübsche Gasse mit kleinen Boutiquen entlanggelaufen. Zwei Kirchen lagen auf dem Weg, die wir besichtigt haben: die Santa Maria Assunta, die in die historische Häuserfassade integriert ist, und die San Francesco, die zur deutschsprachigen Pfarrei gehört. Dann schauten wir uns die alte Burgruine an.

Kurze Zeit später sitze ich allein in einer Art Museums-Straßenbahn, die steil den Berg hinauffährt. Ich fühle mich wie auf einer Zeitreise: Der Schaffner läuft vor Abfahrt durch den kleinen Waggon und sammelt das Geld von den Fahrgästen ein. Dann tuckert die Standseilbahn mit ihrer Durchschnittsgeschwindigkeit von etwa zehn Stundenkilometern los, idyllisch vorbei an Gärten und Felsen. Mir fiel ein, dass Urs empfahl, auf den Berg hinter Locarno zu fahren. Um den Gipfel zu erreichen, müsste ich in Orselina in eine Luftseilbahn umsteigen. Darauf verzichte ich. Stattdessen laufe ich eine lange Treppe hinab bis zu dem mächtigen Kloster Madonna del Sasso, das auf einem Fels über Locarno thront. Am Kirchenvorplatz angekommen setze ich mich auf eine Mauer und schaue über den See. Auf dem Delta unter mir liegen Locarno und Ascona. Nach links ziehen sich am See die weiteren Gemeinden Muralto und Minusio. Eigentlich sieht es aus wie ein einziger großer Ort. Nach Osten blicke ich über die Magadinoebene bis Bellinzona, in die andere Richtung bis nach Cannobio in Italien. Die Sicht ist dank Nordföhn ganz klar. Der Wind rauscht durch die Baumwipfel unter mir. Ich schaue auf die Altstadt von Locarno – und habe plötzlich das Gefühl, dass das ein Ort sein könnte, an dem es sich gut leben ließe. Nicht groß, aber auch nicht zu klein. Dafür eingebettet in ein landschaftliches Paradies. Ich seufze – und mache mich auf den Weg zurück in meinen italienischen Mikrokosmos zwanzig Kilometer weiter unten am See.

Abends im Gatto. Fabio schiebt einen Teller mit Fisch über die silberglänzende Anrichte. „Bitte Tisch Terrazza 6, einmal *scoreggia!*", weist er mich ungewohnt höflich an. Die Küchenhilfen hinter ihm brechen in schallendes Gelächter aus. Mino mit schwitzender Stirn am dampfenden Geschirrspül-Großautomaten dreht sich breit grinsend um. Okay, ich bin ja nicht ganz blöd. Was da auf dem Teller liegt, ist *„coregone"*, Felchen aus dem See mit Zitrone und Petersilie. Inzwischen bin ich mit dem Studieren unserer Menükarte schon deutlich vorangekommen. „Was ist *scoreggia?*", frage ich leise den mit Abräum-Geschirr vorbeilaufenden Francesco, einen weiteren italienischen Kellnerkollegen. Der schaut mich irritiert und belustigt an. „Das willst du gar nicht so genau wissen", lautet seine ausweichende Antwort. Das war ja klar. Ich nehme den Teller mit dem Fisch und sage zu Fabio: „Okay, einmal *scoreggia* für die Mutter vom Chef auf der Terrasse!" Und düse aus der Küche. Hinter mir höre ich noch ein lautes „Stopp, aspetta – warte!", was ich aber ignoriere. Auf dem Rückweg von der Terrasse, wo ich der deutschen Wandertouristin „Felchen" überreicht habe, fängt Piedro mich ab. „Weißt du etwas von einer Tischreservierung für Cortile 3?" Hinter ihm winkt mir das Ehepaar aus dem Einkaufsladen in Locarno zu. „Oh. Hm. Steht da nicht ein Eintrag in dem Buch?", frage ich zum Ablenken. „Wo?" Während

Piedro sucht, flüchte ich in die Küche. Dort stoße ich fast mit Christa zusammen. Die drückt mir einen Zettel in die Hand. „Lauf doch bitte mal hoch in das Hotel Bellavista und frag, ob sie dir unser Wochenmenü ein paar Mal ausdrucken können. Unser Drucker ist kaputt. Schick es per Email rüber. Das habe ich schon öfters gemacht. Die sind sehr freundlich." Ein Glück. Damit bin ich erst einmal aus der Schusslinie.

Als ich wenig später in das elegante Hotel eintrete, fühle ich mich wie in einer anderen Welt. Welche Wohltat. Beschwingte Klaviermusik klimpert im Hintergrund, die kühle Luft der Klimaanlage bildet einen angenehmen Kontrast zum warmen Dunst in der Restaurantküche. Teuer gekleidete Menschen schreiten an mir vorbei. Ein Mann um die vierzig Jahre mit hellen, kurzen Haaren, Brille und sehr weichen Gesichtszügen schaut mir von der Rezeption aus freundlich entgegen. „Du bist Christas neue Kellnerin aus Deutschland, oder?", begrüßt er mich. „Ich habe dir das Menü schon ausgedruckt", fügt er hinzu und hält mir einen Stapel Blätter entgegen. „Reicht zwanzig Mal?" Ich nicke. „Ich heiße übrigens Matteo", sagt er noch und reicht mir lächelnd die Hand. „Ich bin der Sohn hier. Meiner Mutter gehört das Hotel." Ich will mich gerade bedanken und verabschieden, da fragt er: „Ich bräuchte jemanden, der mir die deutsche Version unseres neuen Prospekts Korrektur liest, wenn die Vorlage fertig ist. Hättest du dazu vielleicht Lust?" „Ja klar", antworte ich. Eine willkommene Ablenkung.

Nach Feierabend will ich noch eine Runde durch das Dorf drehen, um mein Trinkgeld auf angemessene Weise loszuwerden. Ich statte der Bar Laghetto um die Ecke einen Besuch ab. Genau genommen schaue ich unauffällig durch das Fenster der Bar, um zu sehen, wer von der Dorfjugend sich dort niedergelassen hat. Ich sehe den

Indianer, der eigentlich Sandro heißt, im Gespräch mit Renzo, einem etwas stämmigen, sehr freundlichen Maurer. Mit dabei sitzt Antonio, ein weiterer Stammgast vom Gatto, der meist in Businesskleidung erscheint. Er soll in der Finanzbranche arbeiten und fällt durch sein betont weltmännisches Auftreten auf. Größer könnten die Unterschiede zwischen den drei Männern, die dort wie Jungs im Freizeitheim zusammenhocken, wohl nicht sein. Ich trete ein. Aus den Lautsprechern schallt mir wieder der Folklore-Pop entgegen, den ich schon am ersten Abend hörte. „Buon Di", grüßt Sandro im Dialekt vom Tresen aus und lüftet einen imaginären Hut. Er scheint im Laghetto zu arbeiten, oder zu wohnen, so genau lässt sich das nicht feststellen. Er ist zumindest immer da, außer, er sitzt gerade im Gatto. Antonio lässt ein freundliches „O Buonasera Signorina" verlauten. Renzo deutet auf die Stereoanlage: „Kennst du?", fragt er. „Das ist Davide Van De Sfroos." „Ich weiß", sage ich. „Das Lied mit dem Bus läuft ja jeden zweiten Abend im Gatto." Renzo lacht: „E la curiera che la va sö e giò ...", singt er im piemontesischen Dialekt mit. „Und, wie gefällt's dir sonst so in Cannero?", will er dann wissen. Die wohl meist gestellte Frage, die ich zu hören bekomme. Ich bringe meine Standardformulierung: „O ja, also ... sehr gut. Der See, die Berge, Sonne, halt Urlaubsgefühl." Die Antwort kommt wie immer gut an. Alle drei lächeln stolz. „Ja, eben" sagt Renzo. „Nicht so hässlich und so viel Regen wie bei dir zu Hause!" Na klar. Ich nicke. „Kennst du Deutschland also?", frage ich nach. „O nein, nein", schüttelt der Maurer den Kopf. „Ich fahre nie weg", erklärt er. „Wozu? Die Touristen kommen alle her, weil es hier so schön ist. Was soll ich dann woanders?" Nun ja, denke ich mir. Bestechende Argumentation. „Bis in die Schweiz fahrt ihr aber manchmal?", frage ich weiter. Das sollte doch nun im Bereich des Möglichen liegen. Die

Grenze ist ja in Sichtweite. „Nicht, wenn ich es vermeiden kann!“, schüttelt Renzo den Kopf. „Natürlich. Ich habe Kunden in der Schweiz“, antwortet Antonio. „Heute Abend noch. Kannst mitkommen!“, sagt Sandro.

Meine Überzeugung, dass Sandro einen Witz gemacht hat, erweist sich schnell als Irrtum. Tatsächlich steigt er eine halbe Stunde später, nachdem er das Laghetto abgeschlossen hat, vor dem kleinen Minimarkt in Cannero in sein Auto mit dem Fahrziel Schweiz. In Riazzino, einem Gewerbegebiet hinter Locarno, rund vierzig Minuten Fahrzeit von Cannero entfernt, liegt die Discothek Vanilla, wie er mir erklärt. Dort wolle er hin, wie jeden Freitag. „Und die ist gut?“, frage ich. „Nein“, schüttelt er den Kopf. Aber er habe ja keine Wahl.

Ich sitze auf dem Beifahrersitz neben ihm, voller Spannung und Vorfreude. Endlich wieder raus aus dem Dorf, unter Leute. In einer Disco war ich seit der Abreise aus Deutschland nicht mehr. Sandro gibt Gas – und hundert Meter später bremst er wieder scharf ab, setzt den Wagen schwungvoll zurück auf einen sandigen Seitenstreifen und parkt. Wir sind immer noch in Cannero. Er steigt aus. Weil er offenbar auf mich wartet, mache ich es ihm nach und folge ihm in das Gebäude, das knapp unterhalb der Uferstraße liegt. Der Kasten mit dem Charme eines Schützenvereinshauses, ausgeleuchtet mit flackernden Neonlampen, ist mir nicht neu. Das Boccio, kurz für „Bocciodromo“, ist eine ehemalige Kegelbahn, ausgestattet mit Spielautomaten, ein paar einfachen Tischen und einem Getränketresen. Dieses Kleinod der Gemütlichkeit, das vom Bruder der Frau von Sandros Onkel geführt wird, mutiert jeweils nach Mitternacht, wenn alles andere schließt, zum Haupttreff des Ortes. An einem Tisch sitzen drei ältere Männer und spielen Karten. Ohne aufzublicken grüßen sie uns. Ein Spielautomat dudelt vor sich hin.

„Was trinkst du?", fragt Sandro mich. „Ähm, ein Bier!" Er bestellt sich selbst einen Averna, einen braunen Kräuterlikör. Noch bevor ich ihm mein Glas zum Anstoßen hinhalten kann, hat er auf ex ausgetrunken. „Okay, wollen wir?", fragt er.

Als wir eine Viertelstunde später Cannobio durchqueren, immer noch Italien, reißt Sandro das Lenkrad plötzlich wieder herum. Statt die Uferstraße geradeaus weiterzufahren, biegen wir in die Seepromenade mit der Altstadtfassade ein und kommen vor einer winzigen Bar zum Stehen. Mit dem Wort „Aperitivo" lässt Sandro das Auto zurück, wo es ist, und betritt die Bar. Ich folge ihm wieder. Das Lokal ist fast leer bis auf eine junge Bardame mit üppig dunkler Haarmähne und engem, tief ausgeschnittenem Kleid, die gerade die Flaschen in den Vitrinen sortiert. Sie begrüßt uns mit einem strahlenden „Ciao". Sandro lehnt sich mit knappem Gruß an die Bar und bestellt einen Averna. Ich bekomme wieder ein Bier. Diesmal schaffe ich es auszutrinken, bevor wir wieder in das Auto steigen. Als mein Fahrer vor Locarno nicht in den Umfahrungstunnel in Richtung Riazzino abbiegt, sondern umständlich das Stadtzentrum ansteuert, wundere ich mich schon nicht mehr. Diesmal laufen wir um ein paar Straßenecken, bevor wir die nächste Absacker-Bar erreichen. Hier, nahe der Piazza Grande, in einer stadtplanerisch gewagten Mischung aus Altbauten und Betonbunkern, sind kaum noch Nachtschwärmer unterwegs. Vor dem Eingang der City Bar riecht es süßlich nach Marihuana. Innendrin feudelt der Barkeeper gerade den Fußboden und komplimentiert die Gäste hinaus. Hier ist Sperrstunde, aus dem Averna und dem Bier wird nichts mehr – zum Glück. Ich frage mich schon, wie wir eigentlich noch zurückkommen wollen, wenn Sandro das Verzehrpensum so beibehält.

„Ich würde jetzt eigentlich gerne auf direktem Weg in die Disco fahren", sage ich mit Blick auf die Uhr. Der kleine Zeiger hat die 2 gerade überschritten. „Natürlich!", antwortet Sandro, während er das Haargummi seines Pferdeschwanzes zurechtzupft. Tatsächlich fahren wir fünfzehn Minuten später im Gewerbegebiet vor einem rechteckigen Neubau vor, auf den etliche junge Leute zuströmen. Die blinkende Leuchtschrift, das rotierende Laserlicht neben dem Eingang und die bulligen Türsteher lassen mich an meine Discobesuche noch zu Schulzeiten rund um unsere Kleinstadt zurückdenken. „Ciao Bella!", begrüßt mich jemand frenetisch, als wir, die wummernden Bässe in den Ohren, den Laden betreten. Küsschen rechts, Küsschen links. Die Barkeeperin aus Cannobio ist wieder da, mit aufgefrischtem Makeup und High Heels. Mit zwei überraschend schnellen Ausfallschritten schiebt sie sich zwischen Sandro und mich und hakt sich bei meinem Begleiter ein. Nach einem doppelten Begrüßungsdrink in schillerndem Grün gehe ich erst einmal tanzen. Es laufen die Dance-Charts rauf und runter, Laserlicht und Erdbeernebel sorgen für das passende Großraumdisco-Feeling. Als eine Reihe italienischer Partylieder die Menge zum Toben bringt, ich aber nicht mitsingen kann, hole ich mir nochmal etwas zu trinken. Der Laden ist inzwischen voller Menschen, es wird warm und stickig. Während ich plötzlich denke, hey, sie spielen ja Wolle Petry, das ist ja ein Ding, jetzt nichts wie los auf die Tanzfläche, dimmt plötzlich jemand das Licht. Wie bei einem alten Stummfilm wird mein Sichtfeld immer kleiner und kleiner, bis es vollkommen schwarz ist. Das Letzte, was ich sehe, ist Sandro, der den Arm nach mir ausstreckt.

Kurz darauf hocke ich im Gras draußen auf der Seite des Gebäudes. Meine Knie sind weich. Ein Mann im Anzug und Knopf im Ohr nickt mir noch freundlich zu und geht dann wieder ins Haus. Sandro sitzt neben mir. „Du, wenn es dir hier nicht gefällt, kannst du es auch einfach sagen", meint er dann trocken. Ich massiere mir den Kopf und lächle verkrampft. Mensch ist das blöd. Offenbar bin ich umgekippt. Das ist mir noch nie passiert. Jetzt schmerzt nicht nur mein Kopf, sondern mir ist auch schlecht. „Ich will da nicht wieder rein", sage ich kleinlaut. Und füge hinzu: „Tut mir leid, jetzt habe ich dir den Abend kaputt gemacht." „Aber nein", sagt er lächelnd und nimmt mich in den Arm. Eigentlich ist er wirklich nett. „Fahren wir zurück", sagt er dann. „Wenn wir uns beeilen, ist das Boccio noch offen!"

Fünf Tage lang bin ich krank nach unserem Ausflug ins Vanilla. Allerdings ist daran weder die Disco noch die Getränkeauswahl schuld, wie ich inzwischen weiß, sondern ein grippaler Infekt, der im Gatto kursierte und der sich offenbar mit einem Schwächeanfall ankündigte. Die ersten Tage verfluche ich meinen labilen Zustand. Als mich Christa nach zwei Tagen zur schnelleren Genesung aus meinem abgedunkelten Zimmer in ihr Wohnzimmer holt, um mich dort vor dem Fernseher mit Brühe und Tee zu versorgen, kann ich dem Ganzen aber durchaus etwas abgewinnen. „Wir sind jetzt wieder unten im Gatto. Brauchst du noch etwas?", höre ich sie fragen. „Nein, danke, ist gut so", antworte ich vom Sofa aus und huste demonstrativ ein wenig. „Hoffe, ihr kommt klar ohne mich?" Christa steht nun neben mir und winkt ab. „Ach, werde erst einmal gesund, das geht schon. Francesco und Giulia haben alles im Griff. Und bald kommt ja Nicole. Ach, ich muss oben für sie noch das Zimmer fertigmachen." „Nicole?", wundere ich mich. „Wer ist das denn?" Christa hängt sich ihre Tasche um und nimmt das Baby auf den Arm: „Die andere deutsche Kellnerin. Die macht dann auch den Herbst, wenn du wieder weg bist." Ich bin überrascht. Ich wusste gar nicht, dass noch jemand eingeplant ist. Bevor Christa die Tür hinter sich schließt, fällt ihr noch etwas ein. „Ich soll dir übrigens gute Besserung wünschen!“ „Ach, von wem?“ „Vom Ehepaar Schulz.“ „Danke! Das ist nett!“ „Antonio und der Maurer haben auch nach dir gefragt!“ „Na so was! Noch jemand?“ Ich denke plötzlich an Sandro. „Ja. Mino. Der wollte aber nur wissen, ob er seinen Vater eine Nacht in deinem Zimmer unterbringen kann.“ Die Tür fällt ins Schloss. Ich greife nach meiner Jacke und beschließe, am Abend den Dienst wieder anzutreten.

Ein langes Feiertagswochenende beginnt. Und während auf der Hauptanreiseroute vor dem Gotthardtunnel in der Schweiz gemäß Radiomeldungen die Staus immer länger werden, schlägt am Lago Maggiore langsam, aber sicher das Wetter um. Bisher hatte ich Glück. Dank Nordföhn war auf der Alpensüdseite fast immer schönes Wetter. Tagsüber lag ich oft am See. Seit gestern allerdings gießt es in Strömen. Für die 150 Meter Wegstrecke in unsere Pizzeria habe ich mir alte Schuhe angezogen, mit denen ich nun unter einem zerfledderten Schirm knöcheltief durchs Wasser wate. Monsunartig rauscht der Regen herab, die Treppen und Gässchen haben sich in kleine Bäche verwandelt. Dazu donnert und blitzt es. Echtes Weltuntergangsszenario. Und exakt diese Stimmung spiegelt sich auf dem Gesicht von Fabio wider, als ich die Küche betrete.

„MERDA“, brüllt er den Herd an und schleudert eine leere Pfanne hinterher. Das Küchenpersonal schweigt und geht in leicht geduckter Haltung seiner Aufgabe nach. Mein angestrengtes „Ciao“ erstickt mir im Hals und ich ziehe es vor, ohne weiteres Aufheben das warme Brot aufzuschneiden und auf die kleinen Körbe aufzuteilen, so wie ich es immer zu Beginn meiner Schicht mache. „È festa dei canottieri oggi", sagt plötzlich Christa hinter mir. Der Ruderclub feiert heute ein Fest? „Ja, die haben irgendein Jubiläum." Ich sehe den Hilfskoch im Hintergrund gewichtig nicken. Christa ruft in den Raum: „Also, es muss alles klappen heute!" Ich bin für den Hauptsaal zuständig. Der Ruderclub, wie ich feststelle, belegt große Achtertische in der Cortile und den kleinen Sälen in den Zuständigkeitsbereichen von Giulia und Francesco. In allen Räumen herrscht Chaos, der Dauerregen treibt zahlreiche Touristen herein.

„VIAAAAA", höre ich Fabio schreien. Ich eile in die Küche. Fabio steht dort vor einer Ansammlung von verschiedenen Gerichten. „Ey, du, bring bitte die Teller in die Cortile. Giulia und Francesco haben zu viel zu tun." Ich greife mir zwei Fleischspeisen sowie einen heißen Teller mit Spaghetti Frutti Mare, den ich nur mit einem Tuch tragen kann. Fabio ruft mir noch hinterher: „Bitte merken für weitere Bestellungen: Muscheln und Meerestiere sind aus, es gibt kein Frutti Mare mehr, capito?" Alles klar! In der Cortile sind inzwischen alle Tische belegt. Ich setze die Lammkoteletts bei Sandro ab, der dort mit seinen Vereinskollegen sitzt. Es ist das erste Mal, dass ich ihn nach unserem Discobesuch wiedersehe. Er lächelt mir kurz zu. Mein Herzschlag geht ein wenig schneller, wie ich zu meiner eigenen Überraschung feststelle. „Wer kriegt Spaghetti Frutti Mare?", frage ich laut mit dem verbleibenden Teller in der Hand? „HIER!", winkt jemand vom Nachbartisch.

Als ich gerade Salate für eine Touristengruppe abholen will, kommt Giulia in die Küche gestürmt. Sie ist wütend. „Fabio! Wieso isst an Cortile 4 bereits jemand Spaghetti Frutti Mare, obwohl an den Tisch noch nicht mal die Getränke rausgegangen sind? Und warum hat der Präsident des Ruderclubs an Cortile 3 als Einziger an seinem Tisch nichts zu essen?“ Aus Fabios Gesicht verschwindet für einen kurzen Moment jede Farbe. „Ja, aber …“, ringt er fassungslos nach Worten. Dann fällt sein Blick plötzlich auf mich – und seine Wangen verfärben sich erst zu einem ungesunden Rot und dann zu einem besorgniserregenden Violett. Ich will gerade aus der Küche flüchten, als plötzlich ein großer, älterer Mann die Tür verstellt und mit Blitzlicht einmal in die Runde fotografiert. Fabio starrt ihn nur sprachlos an. Auch die restliche Küchencrew unterbricht ihre Arbeit. „Ein Verrückter“, sagt Igor. „Ein Paparazzo“, sagt Mino. „Hallo Papa“, sage ich.

„Herrlich!“ Das höre ich nun zum tausendsten Mal meinen Vater sagen. Dabei ist er erst seit einem Tag da. Meine Eltern planten ihren Kurzbesuch als Überraschung, die ihnen auch gelungen ist: Ich stehe immer noch unter Schock. Das kann aber auch an dem Riesenkrach in der Küche liegen, der vor zwei Tagen auf meine Tischverwechslung folgte. Dass ich noch versucht habe, Fabio zu erklären, es sei sein Fehler gewesen, denn er habe zu unpräzise Angaben gemacht, führte leider zu keiner Lageentspannung.

Zum Glück ist heute freier Tag, und der Regen ist der Sonne gewichen. Und ich habe schon mal unauffällig den Gepäckraum meiner Eltern inspiziert, ob da zur Not noch Platz für einen Koffer und einen Riesenrucksack ist. „Toll, oder?“, meint mein Vater wieder und zückt seinen Fotoapparat. Ich weiß gerade nicht, ob er die in der Tat pittoreske Häuserfassade mit den Platanen und dem kleinen Hafen davor meint. Oder die Dixiekapelle, die an diesem nun wieder milden Sommerabend auf einer Bühne vor dem See um ihr Leben spielt. Jetzt schnippt er begeistert mit den Fingern mit und schaut mich und meine Mutter beifallheischend an. Auch bei den übrigen Zuschauern rund um die Bühne, mehrheitlich im Alter meiner Eltern und mit Strohhut ausgestattet, gibt es kein Halten mehr. Die zehn Musiker mit ihren Trompeten, Banjos und Kontrabässen werden enthusiastisch beklatscht.

Als ich meinen Eltern am Morgen vorschlug, dass wir anlässlich meines einzigen freien Tages in der Woche nach Ascona ins Tessin fahren könnten, habe ich an ein Eis auf der Promenade und ein ruhiges Abendessen gedacht. Dass hier heute auf mehreren Bühnen Musik gespielt wird und zahlreiche Vollblut-Fans der Jazz- und Bluesszene den Ort belagern, ahnte ich nicht. „JazzAscona", wie sich die zehntägige Veranstaltung nennt, ist offenbar ein Jahreshighlight im Tessin, besucht vornehmlich von Touristen. Eben kamen wir schon an einer Gospelband vorbei, jetzt die Dixiegruppe. „Also wirklich, ich hatte gar nicht mehr in Erinnerung, wie schön das alles hier ist ...", setzt mein Vater neu an. „Auch euer Restaurant. Die Christa hat uns so herzlich begrüßt. Du hast richtig Glück mit deinem neuen Job." Ich verkneife mir eine Bemerkung. Ein Stück weiter hinten am See sehe ich eine Bar, an der Cocktails ausgegeben werden. Dort scheint auch das Durchschnittsalter etwas niedriger zu liegen. Ich laufe hin und bestelle mir einen Drink.

Mein Vater steht am Seeufer. Er deutet auf den kleinen Hafen und ruft mir zu: „Hier bist du als Kind mal ins Wasser gerutscht." Der Barkeeper reicht mir meinen Cocktail. Ich nehme einen großen Schluck. „Damals ging hier aber noch der gesamte Autoverkehr über die Promenade", ergänzt mein Vater, als er näher kommt. Meine Mutter steht währenddessen an einem Kiosk zwischen den bunten Hotel- und Restauranteingängen. „Schau mal! Die hat dein Opa immer so gerne gelesen", ruft sie und hält mir aus der Ferne eine Zeitung entgegen. Ich will abwinken. Doch dann lese ich auf dem Titelblatt *Tessiner Zeitung*. „Ach, hier gibt es eine Zeitung auf Deutsch?“, frage ich überrascht. „Ja, wieso? Möchtest du sie lesen?“ Ich nehme meiner Mutter die Zeitung aus der Hand und suche nach dem Impressum. Der Verlag ist sogar in Locarno, sieh an. Da eröffnen sich ja ganz neue Möglichkeiten. Ich nehme einen weiteren Schluck von meinem eisgekühlten Cocktail und betrachte die wippenden Menschenmengen zwischen den Konzertbühnen, Cafés und mobilen Zigarrenlounges. Ist doch eigentlich ganz stimmungsvoll an diesem Sommerabend, denke ich plötzlich. „Hach, sind wir heute wieder mondän in Ascona!“, höre ich neben mir einen Passanten mit Hund aufstöhnen. So könnte man es natürlich auch formulieren.

Juli

Der Hochsommer ist mit voller Wucht über Italien und die Südschweiz hereingebrochen. Tagsüber klettern die Temperaturen über die 35-Grad-Marke, nachts fallen sie nicht unter 25 Grad. Das rhythmische Schnarren der Zikaden ist zur beständigen Hintergrundmusik geworden. Schlafen lässt es sich bei der Wärme nicht. Doch das macht nichts. Seit Nicole in die Personalvilla eingezogen ist, hat sich der Feierabend-Rhythmus für alle Bewohner deutlich verschoben. Früher trank jeder für sich nach der Arbeit noch ein schnelles Bier in einer der Bars oder ging einfach ins Bett. Neuerdings enden die Abende für alle Hausbewohner in einem Gelage auf der Terrasse oder in der Küche. Es sind immer reichlich Kaltgetränke vorhanden, es fliegen Kartoffelchips herum und Musik ist aufgedreht.

Am Anfang habe ich Nicole äußerst kritisch beäugt. Als sie mit ihrem Sportwagen vorfuhr, von dem ich jetzt weiß, dass er noch nicht mal zu einem Bruchteil abgezahlt ist, und ihre glitzernden Taschen auslud, machte ich mir nicht allzu viel Hoffnung, dass wir einigermaßen miteinander auskommen würden. In Deutschland wären wir beide uns sicher nie über den Weg gelaufen, war mein erster Gedanke. Doch meiner neuen Kollegin gelang etwas, woran ich nicht einmal im Traum gedacht habe: alle Hausbewohner zu einer Gemeinschaft zusammenzuführen. Nur Mino hockt meist in seinem Zimmer und zetert stundenlang ins Mobiltelefon, bevor er sich in der Küche über die laute Musik beschwert.

Gestern war wieder eine lange Nacht auf der Terrasse. Francesco hat aus seinem Lebensmittelfach noch eine fast volle Flasche Rum hervorgeholt, die er unter allen Anwesenden gerecht aufteilte. Mit dem Ergebnis, dass mir heute, am nächsten Mittag, immer noch der Kopf dröhnt. Umso schwerer kämpfe ich jetzt mit dem Liegestuhl, den ich den Garten in Hanglage heraufzutragen versuche. „Hier ist gut", sagt Nicole und stellt ihren Stuhl endlich ab. „So kann uns Mino aus seinem Zimmer nicht auf den Bauch gucken!" Die Liegestühle sind neu, Christa hat sie ins Haus gebracht, einen Tag, bevor meine Eltern abreisten.

Nicole zieht eine Flasche mit duftender Körperlotion heraus und sprüht sich ein. „Oh, gut", sage ich. „Gib mir auch mal bitte etwas ab! Welcher Sonnenschutzfaktor ist das?" Nicole verdreht die Augen. „Sonnenschutzfaktor, bist du verrückt?" Sie richtet ihren Platz in Richtung Sonne aus und lehnt sich zurück. Offenbar ist sie den Italienern mental schon näher, als ich es je sein werde. Das Sonnencreme-Sortiment im Minimarkt ist dort ausschließlich für Touristen eingerichtet – und für mich.

„Der Koch ist voll süß, gell?", sagt Nicole, während sie ihre Gucci-Sonnenbrille vom mobilen Straßenverkäufer zurechtrückt. „Und was ist jetzt mit dir und Sandro?" Ich schaue sie überrascht an. „Was soll sein?" „Ach, komm!", grinst sie. „Den magst du doch. Er ist auch wirklich nett." Ich seufze. „Ja, das ist er. Und er wirkt auch irgendwie schlauer als die meisten anderen, die täglich bei uns an der Bar hocken. Weltoffener. Dabei hat er das Dorf noch nie richtig verlassen." Nicole nickt. „Läuft denn da etwas zwischen euch?" „Quatsch, nein." Ich überlege. „Das geht doch nicht. Stell dir mal vor, ich bringe den mit nach Deutschland und treffe mich dort mit den Leuten von der Uni. Die denken doch, der hat sein Pferd draußen angebunden." Nicole lacht. „Ach komm, er ist cool. Ein richtiger Mann eben." Mir fallen die beiden Frauen aus dem Zug ein, die von den Italienern schwärmten. Ob die sich einen Kerl mit langen geflochtenen Haaren, Federn und diversen bunten Ketten um den Hals vorgestellt haben? „Mach dir doch nicht solche Gedanken. Es geht darum, hier Spaß zu haben. Wenn du im Ferienclub auf Mallorca einen Animateur kennenlernst, überlegst du doch auch nicht gleich, wie ihr eure Kinder nennt."

Plötzlich hören wir Christa unten an der Straße unsere Namen rufen. Bei uns angekommen fängt sie gehetzt an zu sprechen: „Also, wenn gleich die Carabinieri eintreffen, dann sagt ihr denen, dass ihr unten im Ort über dem Gatto wohnt." Hier oben seid ihr nur zum Sonnen, okay?" Nicole und ich gucken uns an. „Äh ja, aber warum?", frage ich. „Na ja, weil ich euch so angemeldet habe!" Wir zucken die Achseln und nicken dann. „Gut, okay. Findet denn so eine Finanzkontrolle statt?" Davon habe ich schon gehört. „Nein, nein", schüttelt Christa den Kopf. „Es geht um Francesco. Der ist heute Morgen tot in den Bergen aufgefunden worden. Im Auto." Nicole und ich schauen uns wieder an. Nach einer Schrecksekunde sage ich: „Ein Unfall, o Gott ..." Christa schüttelt den Kopf. „Nein, es sieht nach Suizid aus. Er wurde mit einem Schlauch im Autofenster entdeckt. Verbunden mit dem Auspuff. Es ist noch nicht ganz klar alles. Deswegen ermitteln die Carabinieri." Mein Mund ist plötzlich wie ausgetrocknet. Mir fällt nichts ein, was ich noch sagen könnte. Auch Nicole starrt Christa nur stumm an. „Ich muss wieder runter", sagt Christa dann. „Es gibt noch einiges zu klären. Und Nicole, solange deine Arbeitsgenehmigung noch nicht da ist, kannst du jetzt doch noch nicht arbeiten. Ist zu riskant." Christa klettert den Hang wieder hinab.

Der Tod von Francesco ist am Abend natürlich Hauptthema unter dem Personal. Auch wenn der Zugang zum

Thema ganz unterschiedlich ausfällt. „Schlimm, oder?", sage ich zu Fabio, der gerade erwärmte Teller auf der Anrichte zurechtstellt und mit Salat dekoriert. Er wiegt den Kopf hin und her. „Ja, sicher, aber das lässt sich schon lösen. Jetzt kann ja nochmal Marcos Schwester aushelfen. Und Ersatz fürs Servicepersonal findet sich in Italien immer schnell." Ich bin einen Moment irritiert. „Ja, schon, aber ich meinte eigentlich ...", setze ich an. Christa tritt in die Küche, ihre Miene ist besorgt. „Hab ich euch schon gesagt, dass ihr Francescos Zimmer nicht betreten dürft?", fragt sie mich. „Die Carabinieri haben es abgesperrt, es muss alles so bleiben, wie es ist!" Ich nicke. „Ich gehe da sicher nicht rein", sage ich dann. Das stimmt auch. Aber natürlich habe ich einen Blick hineingeworfen. Es ging gar nicht anders. Die Zimmertür befindet sich neben dem Hauseingang und steht schon den ganzen Tag sperrangelweit offen. Der Blick fällt sofort auf die schwarzen Lederschuhe vor Francescos Bett, die aussehen, als habe er sie eben gerade abgestellt, um ins Badezimmer zu gehen.

„Habt ihr die Angehörigen erreicht?", frage ich Christa. Dabei geht mir auf, dass ich eigentlich gar nichts über meinen verstorbenen Kollegen weiß. Das Zimmer im Personalhaus nutzte er so wenig wie nötig. An seinem freien Tag war er immer weg, auch über Nacht. Christa nickt. „Ja, die wurden informiert. Ausgerechnet gestern Abend war ja noch die ganze Familie da. An Tisch F 10. Seine Frau, seine Mutter. Als Überraschung. Die sind extra aus Turin gekommen." „Ach ja, wirklich?" Ich denke nach, aber kann mich nicht an den Tisch erinnern. „Muss ein Schock für sie heute gewesen sein", sage ich.

Am nächsten Tag sitze ich bei schwüler Sommerhitze im klimatisierten Bus nach Locarno. Im Grenzort Brissago, wo ich umsteigen muss, habe ich Zeit, mir eine *Tessiner*

Zeitung zu kaufen. Sie dient mir als Fächer, um mir kühle Luft zuzuwedeln. Doch eigentlich will ich sie eingehend studieren, um mich auf mein heutiges Vorhaben vorzubereiten. Ich bin auf dem Weg in die Redaktion der *Tessiner Zeitung*, um mich nach der Möglichkeit eines Praktikums zu erkundigen. Nach den jüngsten Ereignissen im Gatto verspüre ich wieder stärker das Bedürfnis, mich um meine Zukunftsperspektive zu kümmern. Ich kann und will schließlich nicht ewig kellnern. Mit einem Praktikum im Tessin könnte ich meine neu erworbenen Italienischkenntnisse wenigstens gleich effektiv einsetzen. Auch wenn es natürlich bedeuten würde, dass ich nach Saisonende nicht sofort wieder nach Deutschland fahre. Dabei habe ich an manchen Tagen richtiggehend Heimweh: Ich sehe dann meine Unistadt im leichten Nieselregen vor mir und stelle mir vor, wie ich im Stadtzentrum in eine Buchhandlung gehe. Es ist immer dasselbe Bild.

In Locarno angekommen kommt mir die Luft noch drückender vor. Ich werfe in einem Café noch einen schnellen Blick auf die ersten Seiten der *Tessiner Zeitung*, um Insiderwissen vortäuschen zu können. Allerdings hilft mir das nur bedingt. Die Ortschaften sind mir weitgehend unbekannt, politische Themen zu komplex, um sie beim Überfliegen zu erfassen. Auffällig ist die ungewöhnliche Themenmischung. Geht es in einem Text ganz bodenständig um neue Gebühren für Müllsäcke, dreht sich der Artikel daneben um Mafiakontakte eines Bankdirektors und verschwundene Millionenbeträge. Dann fragt sich wiederum die Jugend eines Ortes, wann es denn endlich einen neuen Skaterpark gibt. Ein ganzer Bund widmet sich den Kulturveranstaltungen.

Ich bezahle und mache mich auf dem Weg zum Redaktionsgebäude. Schon von weitem kann ich das Verlagslogo erkennen, das über der Eingangstür prangt. Als ich eintreten will, kommen mir zwei Typen entgegen. Mit selbstgedrehten Zigaretten und kleinen Kaffee-Plastikbechern in der Hand wollen sie sich offenbar in ihre wohlverdiente Pause absetzen. Einer von beiden mit einer auffälligen Hipster-Brille hält mir die Tür auf und grüßt freundlich. Innen drin riecht es nach Kaffee und Druckerzeugnissen, die Klimaanlage läuft auf Hochbetrieb. Ich wende mich der Frau hinter dem Tresen zu. „Buongiorno ... ähm ..., ich möchte mich bei der Redaktion der *Tessiner Zeitung* wegen eines Praktikums erkundigen", erkläre ich umständlich auf Italienisch. „Ah, si, aber das Einfachste wäre, Sie schreiben eine Bewerbung an den Chefredakteur. Per E-Mail." „Nee, das ist eben nicht das Einfachste. Ich habe nicht so guten Zugang zum Computer im Moment ... Könnte ich vielleicht mit jemandem aus der Redaktion direkt reden?" „O ja, doch. Sie könnten oben anrufen. Moment ... Hier! Ecco!" Die Dame hält mir einen Hörer hin. „Si, pronto! Elena?", höre ich es dumpf aus dem Hörer. Die Frau vom Centralino schnappt sich das Telefon noch einmal und sagt: „Qui c'è una cliente. Eine Kundin." Sie gibt mir den Hörer wieder zurück und nickt mir aufmunternd zu. Darauf war ich so schnell nicht gefasst. Ich blicke mich irritiert um, während ich anfange zu reden. Mit Interesse verfolgen die beiden Typen von vorhin und zwei weitere Damen im Raum mein Gespräch. „Buongiorno, mi chiamo ... vorrei chiedere ...", stottere ich. „Sie können ruhig Deutsch sprechen." Etwas erleichtert trage ich mein Anliegen vor, jetzt schaffe ich es auch, flüssig zu sprechen. „Ahaaaa", kommt es langezogen aus dem Telefon, als ich fertig bin. „Jaaaaaa. Das wäre vielleicht eine Möglichkeit." Pause. „Ja?" „Melden Sie sich doch noch einmal in den nächsten Wochen. Und schicken Sie mal einen Lebenslauf. Ab wann hätten Sie denn Zeit?" „Also im Prinzip auch ab sofort ..." Ich höre ein Lachen. „Nein, nein, so schnell sind wir hier nicht. Aber melden Sie sich ruhig wieder."

Wieder zu Hause treffe ich auf Nicole, die gerade aus dem Auto steigt. Sie kommt aus Intra von der Questura, wo sie nach ihrem Permesso, ihrer Arbeitsgenehmigung, fragen sollte. „Und", frage ich, „wie lief es? War Christa nicht mit?" „Nein, sie meinte, es ist besser, wenn ich alleine hinfahre. Weil ich dann verzweifelter wirken würde." Sie verdreht die Augen. „Ich sollte einfach immer *‚lavorare, lavorare'* sagen und mit der Hand auf den Tresen schlagen. Damit die kapieren, dass ich dringend arbeiten und Geld verdienen muss!" „Hat es etwas gebracht?" „Weiß nicht. Sie meinten, ich solle morgen wiederkommen. Und wo kommst du her?" „Ach, ich war in Locarno. Einkaufen ..." Den Rest behalte ich vorerst lieber für mich.

„Die Freundin von Francesco tut mir echt leid", sagt Nicole, während wir die Treppen zum Haus hochlaufen. „Stell dir mal vor, wie schrecklich. Die hat gestern die ganze Zeit geweint." „Hm?" Ich schaue sie verwundert an. „Du meinst seine Frau? Wo hast du die denn gesehen?" „Die war gestern Abend noch hier und hat persönliche Dinge abgeholt. Völlig fertig. Ich habe sie erst einmal in den Arm genommen." „Eigentlich sollte noch niemand an die Sachen gehen", sage ich. „Das haben die Carabinieri gesagt." Nicole schaut mich verwundert an, während sie eine Tüte mit Einkäufen in die Küche stellt. „Ja? Davon weiß ich nichts. Die Carabinieri waren jetzt eh nicht da. Glaube auch nicht, dass die noch kommen." Wahrscheinlich hat Nicole recht. So richtig nach Ermittlungen sieht es im Haus nicht aus. „Und was hat sie mitgenommen?", frage ich weiter. „Na ja, so Unterwäsche und Briefe. Sie hat alles durchsucht. Da würden überall Erinnerungen dran hängen, meinte sie." Nicole öffnet die Terrassentür und schiebt draußen einen Liegestuhl in die Sonne. Dann kommt sie wieder ins Haus und setzt hinterher: „Verheiratet waren die aber nicht. Höchstens verlobt. Die Frau hat immer nur von ihrem *fidanzato* gesprochen."

Als ich später die Restaurantküche betrete, treffe ich die gesammelte Belegschaft in blütenweißer Arbeitstracht mit Mützen an. „Was ist denn hier los? Diesmal ist es aber eine Finanzkontrolle, oder?", frage ich Christa, die an der Kasse sitzt. „Hast du die nicht gesehen? Erkennt man doch sofort", flüstert sie. „Die Männer am Eingang sind von der Questura." Jetzt geht mir ein Licht auf. Mir waren die durchgestylten Italiener, die weiter aus dem Süden zu kommen schienen, sofort ins Auge gefallen. „Können wir etwas trinken?", winken mich die zivil gekleideten Polizisten heran. Ich zücke meinen Bestellzettel. „Due Espressi!" Dann will einer plötzlich wissen: „Wo ist denn eigentlich die andere Deutsche? Es gibt doch noch eine, oder?" Ich zögere mit der Antwort. „Ach so, Nicole. Nein, die arbeitet bisher nicht", schwindle ich. „Die wartet noch auf ihr Permesso."

„Die haben nach Nicole gefragt", informiere ich daraufhin Christa, die an der Kasse Rechnungen druckt. „Apropos Nicole", entgegnet sie. „Vorhin war noch Francescos Frau bei mir. Mit seiner Mutter. Sie wollten persönliche Sachen von ihm abholen. Ich habe sie zu Nicole hochgeschickt, die ist ja im Haus." Ich starre Christa an. „Aber die Frau hat doch schon gestern Sachen abgeholt." Meine Chefin guckt verdutzt hoch. „Gestern, nein, sicher nicht. Sie haben mir vorhin erklärt, dass sie gestern in Turin die Beerdigung organisieren mussten."

Draußen blitzt und donnert es gleichzeitig, sodass wir erschrocken aus dem Fenster schauen. Das Licht geht aus. Christa schließt seufzend ihre Kasse. Fast jeden Abend fällt bei Gewitter der Strom aus. „Er hatte also eine Freundin!", sage ich. „Wenn die gestern schon Sachen abgeholt hat, wird das seine Frau aber nicht gut finden." Christa nickt und hält eine Rechnung ins Kerzenlicht. „Ist es nicht ohnehin merkwürdig, dass sie einen Tag vor seinem Tod hier zum Essen aufgetaucht ist?", frage ich Christa. „Und dann noch mit seiner Mutter. Die lebten doch sicher getrennt." „Sie sagte mir damals etwas von Überraschung", entgegnet Christa. „Klingt eher nach Drohgebärde", erwidere ich. „Nicht, dass sie jetzt Nicole für seine Geliebte halten." Christa guckt mich nachdenklich an. „Ich rufe mal schnell im Personalhaus an!" Sie greift zum Telefon und hält den Hörer ans Ohr. „Mist, es ist tot." In dem Moment geht die Lokaltür auf und Nicole kommt herein. Sie schüttelt einen Schirm aus und grüßt fröhlich in die Runde. Mein Blick fällt auf die beiden Polizisten. Sie fangen an zu grinsen, stoßen sich gegenseitig an und winken Nicole zu. „Also, ich glaube, die Männer von der Questura sind weder wegen Francesco noch wegen eurer Buchhaltung hier ...", sage ich dann zu Christa.

In den nachfolgenden Tagen strahlt wieder die Sonne. Die nächtlichen Gewitter sind zwar intensiv, aber immer nur von kurzer Dauer. Die Mittagszeit verbringe ich meistens am See. Als an einem Tag zum dritten Mal eine nasse Frisbeescheibe auf meinem Handtuch landet, beschließe ich seufzend, den Strand für heute den unzähligen Touristen zu überlassen, die Handtuch an Handtuch gemeinsam mit den Einheimischen den Sand bevölkern. Ich laufe mit meiner Badetasche den Weg am See entlang in Richtung Dorfkern. Um mich herum herrscht Urlaubsatmosphäre, es riecht nach Pommes Frites und Sonnencreme, Kinder toben im Wasser, Familienväter pumpen Schlauchboote und Luftmatratzen auf. Es sind wieder weit über 30 Grad. Meine Motivation, abends zu kellnern, steigt dadurch nicht. Im Gegenteil, ich bin neidisch auf jeden

Urlauber, der das Wetter und die Umgebung sorglos genießen kann.

Mein Wunsch, beruflich eine neue Perspektive zu bekommen, steigt von Tag zu Tag. Vor allem, seit mit Beginn der Hochsaison alle Tische zwei- bis dreimal am Abend reserviert sind und die letzte Schicht, meist Italiener mit gesundem Appetit auf vier Gänge, erst gegen 21.30 Uhr beginnt. Aber auf meine Praktikumsbewerbung bei der *Tessiner Zeitung* habe ich bisher keine Antwort erhalten. Dabei habe ich in mühevoller, tagelanger Arbeit am Computer im Gatto heimlich einen Lebenslauf zusammengeschrieben und ihn per Mail an die Redaktion geschickt. Ich checke noch einmal mein Handy: Nein, kein Anruf aus Locarno. Während ich die Promenade entlanglaufe, sticht mir das große Hotel am Hang ins Auge. Hatte nicht der nette Mann an der Rezeption gesagt, er brauche eine Korrektorin für die neuen Prospektentwürfe? Viel Geld wird es wohl nicht einbringen. Aber ich könnte es als zusätzliche „Berufserfahrung in Italien" in meinen Lebenslauf einbauen.

Kurz darauf stehe ich in der klimatisierten Eingangshalle des Hotel Bellavista und lausche der klimpernden Hintergrundmusik, während ich an der Rezeption warte. Es ist niemand zu sehen. Dafür raschelt es in einem kleinen Hinterraum, ein Stuhl wird weggeschoben. Eine etwas ältere Frau mit dunklen Rock und schwarzem Blazer tritt an den Tresen und lächelt mich nett an. „Buongiorno signorina. Posso aiutare? Can I help you?", spricht die Dame mich an. „Ja", sage ich auf Italienisch. „Gern. Ich möchte ... ähm ... zu Matteo." Für einen Moment schauen die Frau und ich uns direkt in die Augen. Dann gefriert ihr Lächeln. „Mein Sohn ist nicht da!", kommt es etwas harsch zurück. „Gut. Tja ... Wann ist er denn wieder da?" „Das weiß ich nicht. Er unterschreibt gerade einen wichtigen Vertrag."

Beim Wort Vertrag zieht sie bedeutungsvoll die Augenbrauen hoch. Einen Moment zögere ich noch und überlege, ob ich ihr die Sache mit dem Prospekt erklären soll. Ich entscheide mich dagegen. „Dann gehe ich wohl wieder“, sage ich, schultere meinen Badebeutel und verlasse das Hotel. „Arrividerci“, höre ich es kühl hinter mir.

August

„Essen erst ab halb sieben!“, informiert Piedro gerade einen Achtertisch, als ich abends kurz nach sechs Uhr das Gatto betrete. Seine Deutschkenntnisse sind in den vergangenen Wochen dank deutscher Klientel und junger Touristinnen am Strand immer besser geworden. Die Hälfte der Tische ist schon belegt, meist Familien mit Kindern, die angestrengt in Richtung Küche blicken. „Können wir bitte bestellen?“, werde ich auch schon von der Seite angesprochen. „Essen erst ab halb sieben! Mein Kollege bringt ihnen aber gerne schon die Getränke!“ Bei „gerne“ lächle ich Piedro an, der mir daraufhin unauffällig unter dem Tresen den Mittelfinger zeigt. Christa ist auch schon da und weist voller Herzblut Tische zu. Während ich mir meine schwarze Schürze umbinde, die ich schon wieder vergessen habe zu waschen, stellt sie sich neben mich. „Hast du dir das schon überlegt mit Herbst?“ „Herbst?“ „Ja, bis wann du bleiben willst. Ohne Francesco brauchen wir jetzt noch jemanden für die Nachsaison ...“ Ich versuche, meine Gesichtszüge unter Kontrolle zu halten und nicht allzu entgeistert zu gucken. „Hm, ach so, da habe ich noch nicht drüber nachgedacht. Aber ich glaube, das wird schwierig ...“ „Das wäre doch toll“, sagt plötzlich Nicole neben mir, die durch den Personaleingang in die Küche tritt. Sie arbeitet inzwischen Vollzeit, ihre Arbeitsgenehmigung kam drei Tage nach ihrem Besuch in der Questura und dem Gegenbesuch der beiden Polizisten. Ausgestellt auf den Rekordzeitraum von zehn Jahren. Mein Permesso hat nur ein Jahr Gültigkeit. Dabei hat Christa für uns exakt dieselben Papiere eingereicht. „Wäre doch super, wenn du hier noch bis November arbeitest", sagt Nicole. Sie fängt an, die Bestellzettel am Küchentresen zu studieren. „Dann können wir noch den ganzen Herbst hier Spaß haben", setzt sie hinzu und knufft dem Koch, der uns grimmig und mit wachsender Ungeduld beobachtet, in die Seite. „Apropos, wollen wir morgen am freien Tag mal einen Ausflug mit dem Auto machen? Christa hat mir gute Tipps gegeben, was wir uns anschauen können." Sie dreht sich wieder zum Koch. „Und Action!!!", ruft sie ihm entgegen, nimmt dann drei Brotkörbe und stürmt in den Essenssaal.

„Musste das sein?", frage ich am nächsten Morgen Nicole, als wir in ihrem metallic-blauen, tiefergelegten Sportwagen sitzen, der uns schon vor der Garage des Personalhauses die allgemeine Anerkennung der vorbeilaufenden Dorfjugend einbringt. Nicole strahlt mich an: „Ja klar, er wollte gerne mit. Ist doch lustiger zu dritt." Ich schaue vorsichtig nach hinten zu Mino, der auf dem Rücksitz vor sich hin müffelt. „Hätten wir nicht seinen Duschtag abwarten können?", frage ich. Nicole verbeißt sich ein Lachen. „Ach komm, er hat es doch schwer. Den hat bestimmt noch nie jemand irgendwohin mitgenommen." „Warum müssen wir dann die Ersten sein ...?", werfe ich noch ein, aber der Satz geht im Röhren des Motors unter, als Nicole den Schlüssel umdreht. Orientalische Popmusik aus dem CD-Player erfüllt das Auto. Mit Schwung steuert Nicole die Seestraße in Richtung Norden an, wir fliegen von einer Kurve in die nächste. „Wo genau fahren wir jetzt eigentlich hin?", frage ich gegen die Bässe an. „Das wird eine Rundfahrt, damit wir was von der Gegend sehen. Du wolltest doch mal in die Berge, oder? Naturerlebnis brauchst du, hast du gesagt." Habe ich? Nicole greift nach einem Zettel und liest vor, während sie mit der anderen Hand weiter lenkt. Ich halte mich instinktiv am Griff über dem Fenster fest. „Also, in Cannobio biegen wir ab ins Cannobinertal und fahren bis nach ... Moment ... Santa Maria Maggiore ... und dann weiter durch das Valle Vigezzo bis an die Schweizer Grenze."

Das Naturerlebnis fängt dann auch gleich im engen Cannobinertal an. Hinter einer schmalen Kurve stehen zwei Esel und blockieren die Straße. „Wer schiebt sie weg?", fragt Nicole. Eines der Tiere blickt mit seinem großen Kopf direkt in mein Seitenfenster. Ich zögere. „Vielleicht lassen wir das den Mann machen?", sage ich und drehe mich zur Hinterbank um. Ich verwerfe die Idee aber gleich wieder, als ich Minos entsetzten Gesichtsausdruck sehe. Von der Gegenseite naht plötzlich ein Fahrzeug. Ich springe aus unserem Auto und trete wild winkend in die Mitte der Straße. Währenddessen sehe ich aus dem Augenwinkel, wie die Esel sich gelangweilt in Bewegung setzen und in einen kleinen Wanderweg hineintraben. Die Fahrbahn ist wieder frei. Das andere Auto rast ohne anzuhalten an mir vorbei, der Fahrer schaut mich an, als wäre ich verrückt geworden. Bis wir das Valle Vigezzo erreichen.

Ich steige wieder ins Auto und wir fahren weiter, vorbei an ausgestorben wirkenden kleinen Dörfchen mitten im Nichts. Um uns herum sind nur steile Felswände und unglaublich viel Wald.

„Schornsteinfegermuseum? Bist du sicher?" „Ja, steht hier!", antwortet Nicole und blickt noch einmal in ihr Büchlein, das sie von Christa mit auf den Weg bekommen hat. „Im September gibt es auch ein Schornsteinfegertreffen. Hier, schau die Bilder." Da wäre ich nicht drauf gekommen. Santa Maria Maggiore, der überraschend belebte Ort in diesem völlig abgelegenen Winkel Erde, wird immer kurioser. „Und steht da auch, wie es zu einem Schornsteinfegermuseum kommt?" „Keine Ahnung, vielleicht weiß Mino das ja?“ Der Tellerwäscher hält sich jedoch gerade sein Handy vor seine Brille. Mit breitem Grinsen tippt er darauf herum. „Hä, was ist?“, schaut er auf. „Schon gut. Hier steht, dass das Valle Vigezzo das Schornsteinfegertal ist. Es sind früher viele Einheimische ausgewandert, um überall in Europa die Kamine zu reinigen. Das hat dem Ort einen gewissen Wohlstand gebracht.“ „Ach, das ist ja interessant“, sage ich. „Ein Schornsteinfegertal, klingt fast märchenhaft. Das erklärt auch das putzige Museum.“ Nicole liest weiter: „Ja, vor allem Kinder armer Familien wurden verschickt. Die passten besser in die Kamine.“ Ich schaue sie entsetzt an.

Wenig später stehen wir im winzigen Ort Re, kurz vor der Schweizer Grenze, im Schatten eines enormen Kuppelbaus. Die riesige Wallfahrtskirche mit ihren byzantinischen Kuppeln war wie aus dem Nichts nach einer Kurve vor uns aufgetaucht, Nicole bog mit quietschenden Reifen in einen Parkplatz ein. „Wahnsinn, oder?“, meint meine Kollegin, die wieder das Buch in der Hand hält. „Was haben die für ein Bauwerk in dieses Tal gehauen!“ Sie liest kurz und fasst dann zusammen: „Der Ort ist dank einer blutenden Madonna zu einer Pilgerstätte geworden.“ Sie schmunzelt. „Die Geschichte ist kurios. Am 29. April 1494 hat ein gewisser Giovanni Zuccone beim Spiel verloren und vor Wut einen Stein gegen das Madonnenbildnis auf der Kirchenfassade geschleudert. Als am nächsten Tag ein alter Mann das heilige Bild berührte, um sich zu bekreuzigen, stellte er fest, dass es mit Blut getränkt war. Damit wurde die Kirche, die viel kleiner war als heute, berühmt. Es soll zu Wunderheilungen gekommen sein. Im 20. Jahrhundert wurde dann der Kuppelbau errichtet.“ „Spannend“, sage ich. „Dem Tourismus hat die Madonna sicher ein gutes Werk getan.“ „Essen wir jetzt?“, unterbricht uns Mino. „Ja, okay“, meint Nicole und steckt den Reiseführer ein.

Wollen wir da vorne mal in dem Lokal fragen?" Mino ist bereits losmarschiert und hat sich mit seinen verschwitzten Haaren vor dem verdutzten Kellner aufgebaut: „Ey, pass mal auf, ich brauche einen Tisch für mich und die beiden Damen dort!", herrscht er ihn an. Um uns herum drehen sich die Gäste um, mustern amüsiert erst Mino, dem vor Eifer die Brille verrutscht ist, dann uns. Der Kellner deutet auf einen Tisch mit Sonnenschirm. „Ecco, siamo qua!", ruft uns Mino zu und winkt, während er sich beifallheischend umblickt. „Warum ist er bloß mit?", frage ich Nicole gereizt. Die setzt sich gut gelaunt auf ihren Stuhl. „Ist doch super so. Ist das nicht schön? Mensch, andere zahlen für so einen Urlaub viel Geld und müssen nach zwei Wochen wieder nach Hause ..." „Du meinst, sie dürfen nach Hause ..." Nicole hört nicht zu und wendet sich Mino zu: „Ach, und so schlimm ist der doch gar nicht. Io e te, amici, si?", radebricht sie. „Wir sind Freunde, nicht?" Mino hebt überrascht den Kopf aus der Essenskarte, in die er quasi vollständig eingetaucht war. Er lächelt erfreut, seine Augen fangen an zu strahlen. Mein Gefühl sagt mir, dass er Nicoles Botschaft überinterpretiert haben könnte.

Die nachfolgende Zeit im Restaurant wird sehr anstrengend. Die freien Tage sind im August vollkommen gestrichen, wir arbeiten alle sieben Tage die Woche. Von der *Tessiner Zeitung* habe ich immer noch nichts gehört. Am Ende muss ich doch noch den Herbst im Lokal arbeiten, um Zeit zu gewinnen und weil mir die Alternativen fehlen. Fabio drückt mir einen Teller mit Tagliatelle ai funghi in die Hand. „Hier. Für die Freundin von Sandro an F3." Ich schaue ihn prüfend an und er lächelt betont unschuldig. „Gibt's ein Problem?" „Nein!", sage ich und laufe mit dem Gericht los. An F3 sitzt tatsächlich Sandro mit einer dunkelhaarigen Schönheit. Es ist nicht sein Flirt aus der Bar in Cannobio, wie ich erwartete. Ich stelle ihr die Nudeln hin. „Danke!“, sagt sie auf Hochdeutsch und lächelt mich an. „Du warst letzte Saison noch nicht hier, oder? Ich habe hier auch mal in den Semesterferien gearbeitet. Macht es Spaß?“ „Und wie!“, antworte ich und gehe zurück in die Küche. „Das ist ja blöd!“, sagt Nicole von der Seite. „Und jetzt? Aber du warst dir ja eh unsicher!“ „Vielleicht hätte ich nicht so viel drüber nachdenken sollen“, antworte ich und laufe zurück in den Saal.

Ein Gast spricht mich von der Seite an, während ich den Nachbartisch abwische und neu eindecke. „Ihr solltet euch Inlineskates unter die Füße schnallen, dann geht das schneller. Er grinst, während er spricht, es war wohl nicht als Beschwerde gemeint. „Du bist aus Deutschland, oder? Und deine blonde Kollegin auch, richtig? Wenn ihr wollt, zeigen wir euch mal die Umgebung.“ „Danke, aber wir machen schon selbst Ausflüge.“ „Aber ihr kennt bestimmt noch nicht meinen Lieblingsplatz im Tessin.“

„Siehste“, flüstert mir Nicole am nächsten Mittag kichernd zu. „Sie haben uns nicht umgebracht.“ Ich nicke und muss auch grinsen. „Und es lenkt dich von deinem Herzschmerz wegen Sandro ab.“ „Keine Sorge. Ich bin drüber weg.“ Meine Füße hängen in einem eiskalten Gebirgsbach, mein Blick ruht auf einem Wasserfall, der den Felsen herabstürzt. Der Ort sieht aus, wie für einen Erlebnispark oder die EXPO erschaffen. Er ist fast zu kitschig, um real zu sein. Klares Bergquellwasser spritzt und gurgelt über kleine, rundgeschliffene Felsen und sammelt sich in unzähligen Vertiefungen zu sprudelnde Wasserbecken, die wie kleine Whirlpools zum Abkühlen einladen. Herrlich bei der Hitze. Wenn wir nicht abends wieder arbeiten müssten, wäre der Tag perfekt.

„Schön, oder?", sagt Enrico. Er öffnet sich eine Cola-Dose, die zuvor zur Kühlung im Fluss lag. Enrico stammt aus Deutschland, hat aber einen italienischen Vater. Daher wirkt er wie ein Einheimischer. Sein Freund Nikolaos, halb Grieche, halb Deutscher, lächelt schüchtern. Enrico redet weiter: „Und wenn wir unsere Geschäfte abgeschlossen haben, dann laden wir euch ganz groß ein. Dann nehmt ihr euch einfach mal abends frei." „Das könnte schwierig werden ...", werfe ich ein. „Seit Francescos Tod sind wir ja unterbesetzt im Service." „Wie bitte? Euer Kollege ist tot?", fragt Enrico mit geschocktem Gesichtsausdruck. Er blickt zu Nikolaos hinüber. „Uns fiel schon auf, dass er fehlt. Wir kommen ja oft. Was ist denn passiert?" „Offiziell war es Suizid", erkläre ich. „Es gab Ermittlungen, aber die wurden eingestellt. Uns kommt es allerdings komisch vor." Enrico nickt. „Manchmal ahnt man aber nicht, was in einem Menschen vorgeht." „Wann seid ihr denn von eurer Geschäftsreise wieder da?", wechselt Nicole das Thema. Ihr ging der Vorfall mit Francesco sehr nah. „Übermorgen Abend wahrscheinlich", sagt Enrico. „Bis dahin haben wir unsere Termine erledigt. Und sind hoffentlich um über eine Million reicher." „Boah, eine Million?", ruft Nicole. „Was genau macht ihr denn eigentlich?", will ich wissen. „Wir handeln mit Whirlpools", antwortet Enrico. „Italienisches Luxusdesign." „Toll, dass man damit so viel verdienen kann!", sagt Nicole beeindruckt. Und dreht sich zu mir: „Wir sollten die Branche wechseln." „Es ist ein größeres Projekt. Dafür müssen wir nach Zürich. Und vielleicht noch nach Belgien."

Um uns herum wird es langsam voller. Das Bavonatal, das vom Maggiatal abzweigt, scheint sehr beliebt zu sein. Auf der Wiese auf beiden Uferseiten und auf den großen Felsen mitten im gurgelnden Bach sitzen überall Badegäste. Der Ort ist nicht wirklich ein Geheimtipp, was schon alleine daran liegt, dass er von der Straße aus zu sehen ist. Am Parkplatz befindet sich ein kleines Grotto, gegenüber liegt eine winzige Siedlung mit wunderschönen kleinen Steinhäuschen, den sogenannten Rustici, die wir auch im Cannobinertal gesehen haben. Hier wirken sie fast wie ein Freiluftmuseum, besonders gepflegt und trotzdem unbewohnt. Bevor wir uns in Fontana zum Picknick niederließen, haben wir uns weiter oberhalb im Tal noch den Wasserfall von Foroglio angeschaut. Das malerische Dörfchen mit seinem Kirchlein aus dem 15. Jahrhundert und einem weiteren Grotto sah aus wie eine zu Leben erwachte Postkarte. „Wir könnten wieder so einen Ausflug machen, wenn ihr zurück seid", schlägt Nicole vor.

Im Ausgleich zu unserem Ausflug ins Paradies wird der Abend die Hölle. Das liegt zum einen an Nicole, die plötzlich die Tischnummern verwechselt, Salate vergisst und Pizzabestellungen nicht freigibt. Da sie sonst dank ihrer jahrelangen Gastronomieerfahrung die Schnellste im Service ist, gibt Fabio pauschal mir die Schuld an allen Problemen. „Was ist denn los mit dir?", frage ich Nicole später genervt, als sie, statt Stühle zusammenzustellen, regungslos vor dem Gläserregal steht und ins Leere starrt. „Ich glaube, ich halte es nicht aus!", sagt sie. „Was denn? Den Job? Geht mir auch so ..." „Nein, bis übermorgen zu warten. Oder meinst du sie kommen früher? Vielleicht rufen sie an." „Wer denn? Sprichst du von Enrico und seinem Freund? Keine Ahnung. Wenn die bis Belgien fahren, dauert das sicher etwas länger. Wieso denn?" „Ich weiß nicht. Er geht mir halt nicht mehr aus dem Kopf", sagt sie mit einem Lächeln. „Enrico? Echt? Ist der nicht ein bisschen schräg ...?" „Nein, der doch nicht. Nikolaos. Erinnert mich an einen griechischen Gott." Ich bin platt. Sprechen wir von derselben Person? „Aber der hat doch nie was gesagt? Und wenn doch, hat er verdächtig lange vorher drüber nachdenken müssen." „Eben. Er hat so etwas Geheimnisvolles! Das mag ich bei Männern." Sie macht Feierabend. Ich sammle gebrauchtes Geschirr auf den Tischen ein und gehe in die Küche, wo die Köche bereits Schichtschluss haben. Mino kippt mir einen dicken Schwall Seifenwasser vor die Füße und fängt an zu schreien: „Hier darfst du nicht durch. Ich putze!" „Sag mal, drehst du jetzt ganz durch? Ich muss die Teller abstellen." „Nein, nicht jetzt. Wo ist Nicole?", brüllt er weiter. „Was geht dich das an?" „Sehr viel. Sie hat selbst gesagt, dass sie meine Freundin ist." Er haut den Feudel auf den Boden. „Wieso wart ihr heute mit diesen Männern weg?" Jetzt verstehe ich seine schlechte Laune. „Du glaubst, sie ist deine Freundin?" Ich lache betont laut, um ihn zu provozieren. Er geht mir auf die Nerven und ich bin kaputt von dem langen Abend. „Schau doch mal in den Spiegel." Er lacht böse auf. Plötzlich greift er blitzschnell nach einem Gegenstand hinter sich und steht dann mit erhobenem Arm vor mir. In der Hand blitzt ein großes Fleischermesser. Mir stockt der Atem. „Mino. Spinnst du?" Er guckt verunsichert, als wenn ihm auch erst jetzt bewusst würde, was er da macht. „Hast du Angst bekommen, was?", sagt er dann, während er das Messer weglegt. „Das melde ich", erkläre ich. Mit schnellem Schritt verlasse ich die Küche.

Wenige Tage später stehe ich in Locarno vor der Hauptpost in einer Telefonzelle. Da mein Handy in der Schweiz nicht verlässlich funktioniert, habe ich mich für diese Retro-Methode der Kommunikation entschieden. Ich bin finster entschlossen, jetzt klare Verhältnisse zu schaffen. „Spreche ich mit dem Chefredakteur der *Tessiner Zeitung*? Ja? Gut. Ich hatte mich ja bei Ihnen für ein Praktikum beworben." Die letzten drei Worte muss ich rufen, weil in der Kabine nebenan eine Frau laut in den Hörer zu schimpfen beginnt. „Jaaaa. Ich erinnere mich … Alles in Ordnung bei Ihnen?“, setzt der Chefredakteur hinten dran, als die Frau neben mir laut aufkreischt. „Ja, gut. Danke. Ich wollte nur sagen, dass ich Ende des Monats abreise. Wenn ich mich noch für ein Praktikum vorstellen soll, müsste ich das bald machen.“ „Oh. Ach so. Na, wenn das so ist, dann kommen Sie vorbei.“ „Jetzt gleich?“ „Im Moment geht es gerade nicht, weil wir wegen des Filmfestivals so viel zu tun haben. Sie wissen ja sicher, dass der Vater unseres Verlegers das Festival mitgegründet hat …“ „Ja, ja, klar“, sage ich schnell und blicke aus meiner Telefonzelle hinaus auf die schwarz-gelben Straßendekorationen im Leopardenmuster, die die ganze Stadt prägen. Er spricht weiter: „Aber nächste Woche Dienstag um elf Uhr?“ „Ja, gern. Vielen Dank!“ Ich lege auf und bin erfreut. Das lief jetzt überraschend glatt. Endlich tut sich etwas. Seit Minos Messerattacke vor ein paar Tagen ist meine Arbeitsmotivation im Lokal endgültig auf null. Zumal meine Beschwerde niemand ernst nahm. Christa hörte mir gar nicht richtig zu und der Koch schien mir Minos Angriff nicht zu glauben. Dann kümmere ich mich jetzt also um meinen Karriere. Allerdings bin ich froh, dass der Chefredakteur nicht wirklich sofort Zeit hatte. Denn jetzt sollte ich mich erst einmal über das Filmfestival informieren.

„Schade, dass in Locarno nicht das ganze Jahr über so viel los ist“, sage ich. „Wer hier Anfang August Urlaub macht und dann im Mai wiederkommt, wundert sich, wo die ganzen coolen Locations abgeblieben sind.“ Sandro und ich sitzen in einer der vielen gelb-schwarzen Stuhlreihen auf der sonst menschenleeren Piazza Grande. Es ist zwei Uhr nachts. Sandro hält einen halb ausgetrunkenen Plastikbecher in der Hand. „Wollen wir noch einmal in die Rotonda?“ In der wohl ungewöhnlichsten Partylocation überhaupt, im Innenkreis eines Verkehrskreisels, haben wir vorher schon eine Runde gedreht. Es waren tausende Menschen jeder Altersklasse dort – eine Wohltat nach fast vier Monaten Bergdorf am See. Außerdem haben wir an diversen Bars vor der Post etwas getrunken und den Garten eines alten Theaters mit lauter hippen Leuten besucht. Sandro sah dazwischen aus, als hätte er nach seiner letzten Filmrolle vergessen, sich wieder umzuziehen. „Wann laufen denn die Filme hier eigentlich?", frage ich ihn. „Weiß ich doch nicht", sagt der. „Ich besuche immer nur das Rahmenprogramm."

Früher herkommen konnten wir nicht. Ich arbeite schließlich täglich mindestens bis Mitternacht, Sandro in seiner Bar meist noch länger. Zum Glück ist die sonst übliche Sperrstunde im Tessin während des Festivals aufgehoben. Ich schaue vor mir auf die riesige Leinwand, die sich an die bunte Altstadtfassade anschließt. Eine Fledermaus flattert durch das gelbe Licht der Straßenbeleuchtung. „Es gibt auch noch geschlossene Kinosäle für Filmvorführungen", sage ich. „Für die verschiedenen Wettbewerbskategorien." Sandro schaut mich mit hochgezogenen Augenbrauen an. Ich fahre fort: „Ja, das weiß ich, weil ich mir gestern Infomaterial über das Festival zusammengesammelt habe." „Warum?", fragt Sandro unvermittelt. „Warum?" Mit so einer Frage habe ich nicht gerechnet. „Ich bin doch Touristin ..." Von meinem Plan, vom Gatto zur *Tessiner Zeitung* zu wechseln, will ich noch nichts sagen.

Eigentlich wollte ich mit Nicole zum Filmfestival gehen. Doch sie teilte mir mittags mit, sie habe ein Date. „Ein Date? Mit wem denn?" „Mit Antonio." „Antonio? Der Finanztyp?" „Ja!" „Ach. Der gefällt dir? Wusste ich gar nicht." „Ist doch egal. Ich muss mich davon ablenken, dass sich Enrico und Nikolaos nicht mehr gemeldet haben." Da ich alleine ohne Auto nicht in die Schweiz hätte fahren können, fiel mir irgendwann Sandro ein. Meine Einschätzung, dass er sich das Nightlife in Locarno nicht entgehen lässt, stimmte. Seine Freundin ist längst wieder nach Deutschland abgereist. Gerüchteweise hat die Beziehung die Distanz auch nicht länger überstanden. Jedenfalls geht er seinem geregelten Leben im Dorf nach. „Willst du jetzt eigentlich noch nach Riazzino in die Disco?“, frage ich ihn. „Nein, da ist Sommerpause.“

„Warst du mit Antonio noch einmal weg nach eurem Date neulich?“, frage ich Nicole einige Tage später beim Fegen der Terrasse. Es war wieder ein langer Abend. Sie winkt ab. „Ach nee, keine Lust. Es war anstrengend. Er hat ständig mein Italienisch korrigiert.“ Das kenne ich, das machen viele gerne. „Weißt du, wer mich auch nervt“, setzt Nicole hinzu. „Mino.“ „Ach, plötzlich?“ „Ja, er legt mir im Haus oben ständig Briefe aufs Bett.“ „Was steht denn da drin?“ „Ach, dass er mit meinem Verhalten nicht einverstanden ist. Das könne er nicht akzeptieren bei mir als seiner Freundin ... Ich muss wohl mal mit ihm reden.“ „Oh, sei vorsichtig. Denk an die Aktion mit dem Messer, von der ich dir erzählt habe.“ Wie auf das Stichwort erscheint Mino in der Terrassentür, um eine Mülltüte wegzubringen. Er ignoriert uns mit finsterem Gesicht und marschiert dann wieder ins Haus. „Ich gehe nach Hause!“, sagt Nicole, die schon Mittagsdienst hatte. Ich muss wieder Geschirr in die Küche bringen und rechne mit dem Schlimmsten. Zu Recht. Dort steht Mino, mit Eimer bewaffnet und wartet schon. Er kippt das Wischwasser aus, als ich eintreten will. Dazu motzt er: „Ihr braucht da draußen gar nicht über mich zu lachen.“ Gestresst und wenig deeskalierend sage ich: „Nicht nur WIR, Mino, ALLE lachen über dich! Kennst du den Spruch Mino-Maialino nicht?" Maialino heißt Schweinchen. Vorhersehbarerweise läuft Mino vor Wut rot an. Der Tellerwäscher haut mit der Faust auf den Tisch, greift nach einer riesigen metallenen Suppenkelle und hält sie drohend hoch. „Ich erschlage dich, wenn du noch etwas sagst", schreit er. Dann hängt er die Kelle triumphierend an ihren Haken über der Anrichte. Plötzlich kommt der Koch in die Küche. „Fabio", schreie ich. „Er hat mich wieder angegriffen." „Also nun hör doch mal auf damit", sagt er genervt zu mir. Und dreht sich dann zum Tellerwäscher. „Mino, du hast sie doch nicht mit dem Messer bedroht, oder?" „Nein!", ruft der empört. „Siehste", sagt Fabio und will wieder rausgehen. Da greift Mino zu der großen Kelle, hält sie vor Fabio demonstrativ in die Höhe und sagt: „Nur mit diesem Ding hier." Fabio entweicht für einen Moment die Farbe aus dem Gesicht. Nachdem er sich wieder gefasst hat, sagt er zu Mino: „Äh, lass das bitte. Das geht nicht!" Mino nimmt die Kelle runter, blickt Fabio kleinlaut an und sagt in versöhnlichem Ton zu mir: „Na ja, du musst auch zugeben, dass du mich provoziert hast." Ich nicke automatisch. „Dann hätten wir das ja geklärt!", sagt der Koch und läuft eiligen Schrittes aus der Küche.

„Dein Italienisch hat wirklich große Fortschritte gemacht." „Ach ja?", sage ich erfreut. „Vielen Dank! Hast du mich denn vorher schon einmal reden hören?", frage ich nach und säble ein Stück von meiner Pizza ab. „Natürlich!", antwortet Matteo mit einem Lächeln. „Als du für das Gatto die ausgedruckten Menüvorschläge abgeholt hast." „Stimmt. Logisch!" Ich lächle zurück. „Und vielen Dank für das Mittagessen", setze ich hinzu. „Ach, das ist doch das Mindeste für deine Hilfe. Es war sehr nett, dass du den Prospekt korrigiert hast. Jetzt können wir ihn in Druck geben." Ich winke ab. Es waren ja nur ein paar Kleinigkeiten zu ändern. Meist stimmte nur die Groß- und Kleinschreibung nicht. Ich schaue auf den See und fühle mich wie im Urlaub. Dabei muss ich auch heute Abend arbeiten. Aber es ist schön in netter Begleitung in Pallanza essen zu gehen. Der kleine Ort, zwanzig Minuten von Cannero entfernt, der wie Intra zum italienischen Verbania gehört, ist sehr hübsch, auch sehr touristisch. Wir sitzen unter einem Sonnendach unweit vom See, hin und wieder knattert ein Moped vorbei, eine Katze streicht die Stuhlbeine entlang. Italien, geht mir plötzlich auf. Ich bin ja tatsächlich in Italien, im Land meiner Träume. Manchmal vergesse ich das im Alltag, vor allem den Zusatz mit den Träumen. „Weißt du, dass irgendwo in Süditalien mal ein Koch einen anderen Koch erstochen hat und nicht verurteilt wurde?" Matteo spricht weiter. „Weil es als Affekt gewertet wurde, denn das Messer lag zufällig in der Nähe." „Aha! Na ja. ich denke, es kommt nicht mehr vor. Außerdem wechsle ich den Job. Ich arbeite vielleicht bald im Tessin." „Das ist gut. Dort verdient man mehr und es gibt ja viele Restaurants." „Nein, nein, ich habe mich bei der *Tessiner Zeitung* beworben." „Haben die dort eine Cafeteria? Oder wozu brauchen die eine Kellnerin?" „Eigentlich will ich schreiben. Ich habe ja studiert und möchte Journalistin werden." „Toll!" Er schaut mich bewundernd an. Dann reicht er mir seine Visitenkarte. „Hier steht meine Handynummer drauf. Ich würde mich freuen, wenn du dich noch einmal für einen Kaffee oder ein Glas Wein melden würdest." Ich schaue auf die Karte. „Dott. Matteo Rossi" lese ich laut. „Ich melde mich gerne", sage ich und lächle.

Der Anruf kommt, als ich mit Nicole nachmittags auf der Terrasse des Personalhauses sitze. „Pronto?", rufe ich in mein blaues, übergroßes Handy und laufe ins Haus. Ich habe schon gesehen, dass es eine Schweizer Vorwahl ist. „Ja, *Tessiner Zeitung* hier. Sie hatten sich doch um ein Praktikum beworben.“ „Ach ja, richtig ...“, sage ich, als ob es mir gerade wieder einfiele. „Stimmt. Sehr gern sogar“, beeile ich mich nochmal zu sagen. „Also für uns wäre das okay. Wir wären sogar froh. Eine Kollegin ist schwanger und fällt früher aus als gedacht. Wie schnell könnten Sie anfangen? Sie sagten doch, Sie hätten auch sofort Zeit ...“ Ich bin für einen Moment sprachlos. Zwar habe ich die ganze Zeit auf diesen Anruf gewartet und hätte lieber früher als später das Gatto verlassen, aber jetzt, da es so konkret wird, bekomme ich doch kalte Füße. Ich kann ja schlecht Christa und meinen Kollegen morgen die Schürze vor die Füße werfen. „Reicht Anfang Oktober? Oder sonst doch schon Mitte September vielleicht? Das muss ich aber noch klären ...“ „Ja, das ist doch gut. Kommen Sie nochmal vorbei und dann besprechen wir das.“ Ich bedanke mich und lege auf. Jetzt muss ich wohl erst einmal Nicole sagen, dass ich den Herbst nicht mehr mit ihr zusammenarbeiten werde.

September

Mit einem durchsichtigen Mäppchen voller Dokumente betrete ich das Gebäude der Kantonspolizei. Zu den Schaltern des Ufficio stranieri, der Ausländerbehörde, geht es gemäß der Ausschilderung nach links. Eine größere Menschenansammlung nimmt mir den Blick auf die Bezeichnungen der Bürotüren. Es dauert eine Weile, bis ich feststelle, dass es sich bereits um die Warteschlange vor dem Migrationsamt handelt. Seufzend laufe ich den Flur zurück und stelle mich hinten an. In der Questura in Intra, wo ich im vergangenen Mai meine Arbeitsgenehmigung abholte, bestand die Warteschlange aus einer offensichtlich internationalen Mischung an Menschen, von Süd-, Mittel- und Osteuropäern über Asiaten bis zu Afrikanern. Hier ist die Zusammensetzung deutlich homogener, es scheint sich bei den Leuten um mich herum in erster Linie um Italiener zu handeln. Es dauert lange 25 Minuten, bis ich endlich dran bin. Mit ernstem Gesicht nickt der Mann am Schalter mir auffordernd zu. „Sono qui per un permesso", sage ich. Ich bin hier für eine Arbeitsgenehmigung. Leicht genervt gibt mir der Mann ein Zeichen, die Unterlagen in meiner Hand durch das Glasloch zu schieben. Mit gerunzelter Stirn schaut er sie durch. Dann zieht er meinen Arbeitsvertrag hervor. „Das ist ja ein unbefristeter Vertrag …", sagt er. „Ja?", frage ich überrascht. So genau hatte ich da gar nicht hingeschaut. Es ging ja nur um ein Praktikum. „Oh, gut …" „Nein", sagt er. „Für das von Ihnen beantragte Permesso brauchen Sie einen befristeten Vertrag. So geht das nicht." Ich schaue verzweifelt auf meine Unterlagen. „Lavorare, lavorare!", kommt mir in Erinnerung an Nicole und ihre durchschlagenden Erfolge in Intra in den Sinn. Der Mann schaut mich stirnrunzelnd an und sagt dann im strengen Ton: „Lassen Sie sich einen befristeten Vertrag ausstellen und bringen Sie ihn vorbei. Die restlichen Unterlagen behalte ich schon einmal ein."

Zehn Minuten später stehe ich bei der Sekretärin des Verlags auf der Matte. Sie hatte mir vorher die Unterlagen ausgestellt. Bevor ich zu Ende erklärt habe, was der Schalterbeamte von mir wollte, greift sie zum Telefon. Nach einem hitzigen italienischen Redeschwall, dem ich nicht folgen kann, legt sie wieder auf und sagt: „Okay, ich drucke dir jetzt einen neuen Vertrag aus und lasse ihn unterschreiben. Du sollst ihn jetzt sofort beim Migrationsamt abgeben, dann können sie den Vorgang weiter bearbeiten." „Ich soll aber gleich an der Redaktionssitzung teilnehmen, damit mich der Chefredakteur vorstellen kann", sage ich. „Geh trotzdem schnell vorher rüber. Du musst den Vertrag ja nur abgeben. Es ist wichtig. Ohne Permesso darfst du hier eigentlich gar nichts machen." Also laufe ich eilig wieder zurück zum Polizeigebäude. Schon von draußen sehe ich die Warteschlange vor den Schaltern des Ufficio stranieri. Sie ist noch länger als vorher. Ich laufe mit entschuldigendem Blick an den Leuten vorbei, wedle mit meinem Zettel und nuschle: „Nur abgeben ..." Von der Seite trete ich an das Glasfenster des Schalters, gebe dem dort verhandelnden Italiener ein kurzes Zeichen – und schiebe mit langem Arm meinen neu ausgestellten Vertrag durchs Fensterloch. „Nur schnell abgeben ...", wiederhole ich in Richtung des verdutzten Schalterbeamten. Der holt tief Luft, läuft rot an und brüllt durch den Raum: „Sie stellen sich genauso an wie alle anderen!" „Ja, aber ich will das doch nur abgeben, ich war eben schon hier ... Ich habe jetzt einen Termin." „Das interessiert mich nicht.

Sie stellen sich an und zwar GANZ HINTEN!“ Wütend schnappe ich mir das Papier und marschiere ans Ende der Schlange, die inzwischen den Haupteingang erreicht hat. Nur im Zeitlupentempo geht es voran. Die Leute in der Schlange sehen alle aus, als ob sie auf eine Wurzelbehandlung beim Zahnarzt warten. Kein Wunder. Am Schalter sind jedes Mal einseitige Debatten zu beobachten: Der Schalterbeamte hält einen genervten Vortrag und der Ausländer zieht wortlos mit seinen Unterlagen ab. Die Redaktionssitzung kann ich vergessen. Nach 35 Minuten bin ich endlich dran. Nur mit Mühe habe ich meine Selbstbeherrschung im Griff. Ich lande wieder bei demselben Mann wie vorher, was ich bedauere, denn ich fürchte, es könnte zum Eklat kommen. „Si?“, schaut er mich mit demselben leeren Gesicht an, wie bei meinem ersten Besuch. „Ich muss das hier abgeben …!“ Er nimmt den Zettel, schaut drauf, sagt: „Okay, grazie“, und winkt den nächsten Wartenden herbei. Für einen Moment überlege ich, über den Tresen zu springen, den Mann zu packen und ihn zu schütteln. Aber für meinen Berufseinstieg in der Schweiz wäre das wohl keine gute Voraussetzung. Zumindest weiß ich jetzt, warum die Glasscheibe nur diese winzige Öffnung hat.

„Und dann hast du deswegen die Sitzung verpasst?“ Ich schüttle den Kopf. „Die fiel ohnehin aus. Als ich zurück ins Büro kam, saß nur in einem einzigen Raum eine Redakteurin. Die meinte, es seien alle auf Terminen und die Wochensitzung sei auf den nächsten Tag verschoben.“ Matteo nippt an seinem Weinglas. „Und du gehst dann also morgen wieder hin?“ „Nein, morgen muss ich ja im Gatto arbeiten. Wir haben jetzt ausgemacht, dass ich offiziell am 1. Oktober anfange. Bis dahin sollte auch mein Permesso da sein. Aber ich werde schon ab Mitte September den Redakteuren mal über die Schulter schauen. Auf diese Weise kann ich mich ein bisschen einarbeiten. Ich kenne das Tessin ja kaum." „Worüber schreibst du dann so?", fragt Matteo weiter nach. „Das weiß ich noch nicht genau. Über Lokales eben." „Vielleicht kannst du ja auch etwas über Cannero schreiben? Bei uns machen ja doch viele Deutsche Urlaub. Interessant wäre, dass wir vom Ortsverein gerade eine neue mehrsprachige Beschilderung für Sehenswürdigkeiten ausarbeiten." „Das muss ich mal fragen", sage ich ausweichend. Wir sitzen vor einer Bar in Cannobio und blicken auf die Lichter am anderen Seeufer. Die Schweiz sieht man von hier aus auch. Es ist schon fast Mitternacht. Trotzdem sind in der lauen Spätsommernacht noch viele Nachtschwärmer unterwegs. Nicht nur Einheimische. Seit in Deutschland und der Schweiz die Sommerferien zu Ende gegangen sind, kommen zwar weniger Familien, dafür aber vermehrt Paare, junge Eltern mit Kleinstkindern und wanderfreudige Senioren an den Lago Maggiore. Matteo rief mich heute Mittag an und fragte, ob ich nicht Lust hätte, abends noch einen Wein zu trinken. Natürlich hatte ich Lust. Mit Nicole bin ich in der Nähe vom Strand in Cannero abendessen gewesen – schließlich gehört das zum Standardprogramm unseres freien Tages. Dann erklärte ich zu ihrer Überraschung, dass ich noch eine Verabredung habe. Nun wartet sie gespannt auf meine SMS mit dem Zwischenstand zum Verlauf des Abends. Wenn etwas Spannendes passiert, soll ich schreiben. „Dann musst du das Tessin ja jetzt richtig kennenlernen", sagt Matteo. „Wollen wir mit dem Motorrad in meiner Nachmittagspause mal nach Bellinzona fahren? Dann zeige ich dir die berühmten Castelli!" „Du fährst Motorrad?" Danach sieht er eigentlich nicht aus, mit seiner braunen Cordhose und dem beigefarbenen Sakko. „Ich benutze die Maschine nicht so oft. Aber es wäre eine gute Gelegenheit, sie vor dem Verstauben zu bewahren." „Ja, gerne", sage ich. „Das habe ich noch nie gemacht." „Schön!", lächelt er. „Und wollen wir jetzt zurück nach Cannero und uns noch ein wenig an den Strand setzen? Der Abend ist so schön. Ich kann aus dem Hotel noch eine Sektflasche holen ..." „Ja, klar", erwidere ich und lache in mich hinein. Dann greife ich in meine Handtasche. „Ich muss nur noch kurz eine SMS an meine Kollegin schicken ..."

„Ich ahnte immer, dass du nicht nach Deutschland zurückgehst", sagt Fabio am darauf folgenden Abend, während ich für den nächsten Tag das Mittagsmenü auf die Holztafel schreibe. Der ist gut informiert, denke ich mir. Ich wiegle ab: „Das Praktikum geht ja nur bis Ende des Jahres. Das ist ja nicht für die Ewigkeit." „Welches Praktikum?" Fabio schaut mich fragend an. Ich wundere mich. Weiß er jetzt von meinem neuen Job oder nicht? Christa und ihrem Mann Marco habe ich es inzwischen natürlich berichtet. Wir haben uns darauf geeinigt, dass ich bis Mitte September noch bei ihnen arbeite. Im Personalhaus kann ich bis Ende des Monats bleiben, mir stehen quasi zwei Wochen Urlaub zu. „Jetzt wirst du also First Lady in Cannero." Ich lege die Kreide weg. „Ich verstehe dich nicht", sage ich zu Fabio. Er geht nicht direkt darauf ein: „Wenn dir erst einmal das größte Hotel im Ort gehört, hast du uns alle in der Hand. Wir hängen dann von deinen Restaurant-Empfehlungen an die Gäste ab." So langsam ahne ich, worum es geht. Aber woher weiß er das so schnell? „Mein Bruder hat euch gesehen", sagt er auf meine unausgesprochene Frage hin. „Der ist heute Morgen ganz früh mit seinem Fischerboot auf den See hinausgefahren. Ihr seid gerade vom Strand hoch in den Ort gelaufen." Ich lege die Kreide zurück in den Kasten und nehme die Menütafel in die Hand, um sie draußen vor der Tür zu befestigen

„Buona notte, Fabio“, sage ich. Ein Grinsen kann ich nicht unterdrücken. Genieße ich jetzt eine Art Immunität hier im Haus? Im Barraum laufe ich an Raster und Sandro vorbei, die dort auf ihren Stammplätzen hocken. Ich warte auf den täglichen Spruch von Raster, der sich meistens um meine körperlichen Merkmale dreht und bei dem überdurchschnittlich häufig das Wort „culo“ („Hintern“, wenn man es freundlich übersetzt) fällt. Es kommt aber nichts, stattdessen schaut er mich ehrfurchtsvoll an. Sandro daneben grüßt in unverwechselbarer Weise, indem er einen imaginären Hut lüftet und eine Verbeugung andeutet. Sein Schmuck klirrt dabei. Mehr sagt er aber auch nicht. Offenbar hat sich mein neuer Flirt herumgesprochen.

Zwei Wochen später. Ich suche gerade im Fahrstuhl den richtigen Knopf, als noch jemand hineinspringt. „Wo muss ich drücken, um zur Redaktion der *Tessiner Zeitung* zu kommen?“, frage ich und schaue auf. „Ach ... hallo!“, setze ich hinterher. „Ciao“, antwortet der blonde Mann in Lederjacke und drückt auf einen der Fahrstuhlknöpfe. Die Tür schließt sich. „Daniel“, sage ich. Es ist der schöne Typ aus dem Parallel-Sprachkurs, mit dem ich einmal durch die Altstadt gelaufen bin. „Was machst du denn hier?“ „Ich arbeite hier“, sagt er und streicht sich die Haare aus der Stirn. Er sieht übermüdet aus. „Stimmt, du meintest, du bist Journalist. Aber hast du nicht gesagt, du bist so eine Art Korrespondent?“ „Ich schreibe ja hin und wieder für Zeitungen aus der Deutschschweiz. Aber die *Tessiner Zeitung* richtet sich ja auch an deutschsprachige Leser. Das ist fast dasselbe.“ Ich nicke. „Das ist ja lustig, dass wir uns hier wiedersehen“, sage ich. Er nickt auch, wobei er deutlich weniger enthusiastisch wirkt als ich. „Ich mache bei euch ein Praktikum“, erkläre ich. „Ich freue mich und bin schon ganz aufgeregt. Gleich habt ihr ja Sitzung, oder?“

„Ach, wir kriegen einen Praktikanten? Wusste ich gar nicht." „Praktikantin", korrigiere ich. „Bis Ende Dezember." Die Fahrstuhltür geht wieder auf. Wir treten in den Flur. Eine Frau läuft an uns vorbei und grüßt. „Arbeitest du also nicht mehr als Kellnerin?", fragt er laut. Die Frau dreht sich noch einmal zu uns um, bevor sie im Fahrstuhl verschwindet. „Äh, nein, das war ja nur vorübergehend. Eigentlich will ich doch Journalistin werden. Durch meinen Job in der Pizzeria habe ich wenigstens Italienisch gelernt. Na ja, zumindest derbes Küchenitalienisch. Aber besser als nichts." Er nickt wieder und biegt dann in einen Seitenraum ab. Ich laufe weiter und suche das Büro des Chefredakteurs.

Eine Stunde später werde ich dann allen Mitarbeitern bei der wöchentlichen Themensitzung vorgestellt. Alle lächeln mich nett an, was sehr beruhigend ist. Meine Hauptsorge besteht allerdings darin, dass auffallen könnte, dass ich das Tessin gar nicht kenne. Bisher habe ich schließlich nur Locarno, Ascona und ein Seitental gesehen. Was ist, wenn sie mich jetzt schon nach möglichen Themen fragen? Die Tür geht auf, eine Reinigungsfachkraft kommt herein, schnappt sich den Mülleimer, der unter dem Tisch steht, und leert ihn mit viel Getöse in eine Tonne aus. Beim Rausgehen bleibt die Frau neben mir stehen: „Ma ciao. Non sei la fidanzata di Matteo? Sei di Cannero?" Ich schaue sie überrascht an. Tatsächlich, ich kenne sie. Hin und wieder hat sie im Gatto gegessen. Und ich habe sie auch schon beim Hotel gesehen. Ich dachte, sie arbeitet dort. „Stimmt, ich komme sozusagen aus Cannero", antworte ich schüchtern. Ich will mit meinem Privatgeplänkel ja nicht gleich am ersten Tag die Sitzung sprengen. Außerdem rechnete ich nicht damit, dass ich jetzt schon vor allen eine Kostprobe meines Italienisch geben muss. Von „perfekt" ist das noch recht weit entfernt. „Ich weiß.

Ich reinige auch hin und wieder den Minigolfplatz vom Hotel." „Du lebst in Cannero?", fragt eine der Redakteurinnen interessiert. „Nur vorübergehend", erläutere ich. „Ich muss mir jetzt ab Oktober noch eine Unterkunft in Locarno suchen." „Sie hat in einer Pizzeria dort gearbeitet", sagt Daniel von der Seite. Es ist das Erste, was er zur Sitzung beiträgt. „Echt?", fragt die Kollegin wieder. „Das ist ja spannend. Dann kennst du dich ja da gut aus. Schreib doch mal etwas über den Tourismus dort. So als Vergleich zum Tessin." Der Chefredakteur nickt erfreut: „Gute Idee. Oder über die Straßenverbindung hierher. Das ist mühsam mit den vielen Kurven, oder? Es gibt ein altes Projekt von einem Tunnel zwischen Ascona und Cannobio. Das ist zwar völlig unrealistisch. Aber vielleicht könnte man darüber mal wieder etwas machen. Und werden eigentlich die Castelli von Cannero nun restauriert oder nicht?" Mir schwirrt der Kopf. Aber ich bin hochmotiviert. Zu diesen Themen könnte ich tatsächlich etwas schreiben. Und vielleicht kann ich unauffällig Matteos Dorfbeschilderung mit einbauen, dann freut er sich. „Wer sind eigentlich eure Leser?", will ich wissen. „Touristen?" „Nicht nur", erklärt mir der Chefredakteur. „Viele unsere Abonnenten leben hier im Tessin oder besitzen eine Zweitwohnung. Weil sie aber nicht so gut Italienisch können, informieren sie sich bei uns über alles, was passiert. Wir fassen auf Deutsch das Wichtigste zusammen. Aber natürlich kaufen auch Touristen die Zeitung am Kiosk. Daher müssen wir die Themen gut mischen: zum einen kantonale Themen, meist Politik oder Justiz, die das Tessin im Ganzen betreffen, dann wieder lokale Geschichten und touristische Informationen. Die Mischung wägen wir für jede Ausgabe neu ab. Und dann haben wir ja noch einen ganzen Bund mit Kultur und Veranstaltungshinweisen." „Es gibt im Tessin aber auch eine italienischsprachige Zeitung, oder?", frage ich. „Eine?“, lacht einer der Redakteure. „Das Tessin ist der Kanton mit der höchsten Mediendichte. Du wirst sehen. Bei allen Pressekonferenzen, egal ob es um neue Abfallcontainer oder ein neues Abkommen mit Italien geht, tauchen mindestens drei Tageszeitungen, zwei Radiostationen und zwei Fernsehsender auf. Manchmal kreuzen noch die Korrespondenten der großen Schweizer Tageszeitungen, Vertreter von Wochenzeitungen und einige selbsternannte Journalisten diverser Internetseiten auf. Du bist auf jeden Fall nie alleine.“ Ich bin beeindruckt. Obwohl die Redaktion kleiner und gemütlicher scheint als die Redaktionen, in denen ich bisher meine Praktika gemacht habe, scheint das Themenspektrum sehr viel breiter und schillernder zu sein. Kein Wunder, es geht ja auch nicht um eine einzelne Stadt, sondern um eine ganze Region. Und die reicht vom hochalpinen Gotthardmassiv, durch das ich bei der Anreise mit dem Zug durchfuhr, bis zur italienischen Grenze bei Como. Sorge, dass ich meine Abende auf Jahresversammlungen von Schützenvereinen verbringen muss, um das Blatt voll zu bekommen, brauche ich hier wohl nicht zu haben.

Die Tour nach Bellinzona, der Hauptstadt des Tessin, ist meine erste Fahrt mit dem Motorrad – und mit Sicherheit auch meine letzte. Das habe ich im Stillen für mich schon beschlossen. Es geht schon mit der Garderobenfrage los. Normalerweise würde ich für eine Verabredung mit einem Italiener an einem herrlich warmen, spätsommerlichen Septembernachmittag am Lago Maggiore ein leichtes Kleid auswählen. Stattdessen musste ich feste Jeans und eine schwere Jacke aus meinem Schrank ziehen, Klamotten, die ich seit Juni nicht mehr in der Hand gehabt habe. Von Matteo bekam ich noch einen antiken Helm, unter dem mir schon heiß war, bevor wir losfuhren. Doch der Kopfschutz ist dringend nötig: Bei jeder Bodenwelle knallen unsere Köpfe zusammen. Keine Ahnung, ob das so gehört. Trotzdem versuche ich, ein wenig „Route 66"-Feeling aufkommen zu lassen, während wir den See entlangkurven. Die Brissago Inseln fliegen an mir vorbei, wir fahren eine ganze Weile durch einen stickigen Tunnel, dann geht es durch die Magadinoebene, wie mir Matteo zuruft. Ich versuche mir alles zu merken. Das Tal zwischen Locarno und Bellinzona scheint mir recht verbaut zu sein. Ich muss in der Redaktion mal fragen, ob es hier eigentlich so etwas wie einen Zonenplan gibt. Denn in Magadino, Quartino, Contone und Sant'Antonino, wie die Orte alle heißen, liegen Bauerngehöfte, Felder, Flughafen, Einfamilienhäuser, Appartementhäuser, Gewerbebetriebe und Lagerhallen ohne erkennbare Ordnung nebeneinander. In der Mitte fließt der Ticino mit seinen Grünzonen und dem Naturschutzgebiet an der Seemündung. Letzteres war während einer Redaktionssitzung bereits Thema. Auf der Straße ist in beide Richtungen Stau. Matteo lenkt sein Motorrad schwungvoll an den Autokolonnen vorbei. Ich halte mich verkrampft fest. Als wir in Bellinzona ankommen, bin ich erleichtert.

Nachdem wir auch am Ortseingang von Bellinzona vorwiegend Gewerbezonen und Appartementhäuser sahen, bin ich überrascht, im Stadtzentrum plötzlich in einer sehr hübschen Citta vecchia zu stehen. Oberhalb der Häuser und den Piazzen thront das Castelgrande, die Burg, die wir als Nächstes anschauen wollen. Am Hang sind zwei weitere Castelli zu sehen. Das Tessin hat wirklich sehr unterschiedliche Facetten. Diese Feststellung machte ich ja schon bei meiner Anreise im Zug. Bellinzona wirkt alpin und unterscheidet sich mit seinen Burgen stark von den mediterran wirkenden Orten am See mit ihren Palmen. Dabei liegen die Regionen nur zwanzig Kilometer auseinander.

Ein Fahrstuhl bringt uns hoch zum Eingang der Burg. Von den Zinnen aus bietet sich ein großartiger Blick über die Stadt. Wäre mir nicht so heiß in meiner Motorradkluft, wäre es unglaublich romantisch. Ich mache Fotos von Matteo, denn die Kulisse schreit danach. „Schau mal, hier können wir in die Stadtmauer hineinlaufen", rufe ich ihm zu. „Wie weit man hier wohl kommt?" Weil es in dem Gemäuer immer dunkler wird, drehen wir relativ schnell wieder um.

Ich hatte vorher ein bisschen über die Hauptstadt des Tessins gelesen. Die Herzöge von Mailand errichteten die drei Burgen im 15. Jahrhundert als Verteidigungslinie gegen die stärker werdende Eidgenossenschaft. 1499 wurde die Stadt von Ludwig XII. von Frankreich erobert – und dann an die Schweizer verkauft. Doch schon viel früher, im Jahre 16 vor Christus, haben die Römer auf dem Hügel des heutigen Castelgrande eine Befestigungsanlage errichtet. Kein Wunder. Von unserem Aussichtspunkt aus kann man gut erkennen, wie zentral dieser Standort auf der Hauptachse zwischen der Alpennordseite und Italien liegt. Hier mussten früher alle Truppen und Reisenden vorbei. Daran hat sich nicht viel geändert. Auch für den heutigen Reiseverkehr liegt Bellinzona strategisch zentral. Richtung Norden geht es zu den Pässen und Tunneln des Gotthards, des San Bernardino und Lukmanier, Richtung Süden nach Mailand. Ich versuche, Matteo auf Italienisch an meinem Wissen teilhaben zu lassen.

„Guck mal hier, unser Prospekt", unterbricht mich Matteo plötzlich. „Der ist fertig gedruckt und wurde heute Morgen geliefert. Ich habe ihn in der Tasche. Toll, oder?" „Oh, zeig mal her", sage ich und blicke stolz drauf. Ein bisschen habe ich ja auch daran mitgewirkt. Ich klappe das Hochglanz-Faltblatt mit der blühenden Kamelie als Cover auf. *„Famiglia Rossi freut sich, sie Willkommen zu* *heißen*" steht da in dicken Buchstaben. Mich durchfährt ein Adrenalinstoß. Das gibt es doch nicht. Hatte ich das denn nicht ausreichend als Fehler markiert? Ich traue mich gar nicht, etwas zu sagen und Matteo in seinem Enthusiasmus zu bremsen. „Was ist?", fragt er. „Gefällt es dir nicht? Ist doch schön so, oder? Ich mag die Betonung der familiären Atmosphäre!" „Ja, aber ich hatte doch unterstrichen, dass ‚Sie' großgeschrieben wird und ‚willkommen' klein. Das verstehe ich nicht. Es tut mir wirklich leid." „Ach so, nein, das stimmt so! Meine Mutter wollte es so!" „Was? Aber wieso?" „Na ja, Mamma spricht sehr gut deutsch. Sie hat vorsichtshalber den ganzen Prospekt noch einmal durchkorrigiert." „Ja, aber es ist falsch." „Hm." Er schaut nachdenklich auf sein Faltblatt. Dann seufzt er. „Ach Mamma", sagt er dann. „Weißt du, unser Hotel und unsere Familie sind ihr ganzes Leben. Mein Vater hat uns verlassen, als ich noch ein Kind war. Sie kümmert sich seitdem aufopferungsvoll um alles. Eine Nebenwirkung ist halt, dass sie Verantwortung nur schwer abgeben kann. Das ist dann halt das Ergebnis." Er guckt zerknirscht. „Ach", sage ich. „So schlimm ist es auch nicht. Irgendwie wirkt euer Prospekt ja so viel authentischer!"

Eine Rundfahrt auf dem See bildet den Abschluss meiner Zeit im Gatto. Jedes Jahr organisiert Christa eine teambildende Aktion für das gesamte Personal. Diesmal schippern wir mit dem kleinen Schiff ihres Mannes über den Lago Maggiore. Inselhopping ist die Idee. Ich bin begeistert. Schon mit Tretboot und Kanu, was ich beides am Strand mieten konnte, habe ich festgestellt, dass sich die Perspektive auf die Landschaft vom Wasser aus komplett ändert. Es herrscht eine entspannende Ruhe draußen auf dem See, unterbrochen nur von dem leisen Plätschern der Wellen.

Unsere tiefenentspannte Ruhe wurde auf dem Schiff erfolgreich eliminiert. Aus Lautsprecherboxen laufen die neuesten Italo-Disco-Hits, gefolgt von Davide Van De Sfroos' mundartlicher Verarbeitung des Alltags im Südalpenraum. Nicole liegt vorne auf dem Bug des Schiffes, daneben Piedro, der gegen ihren Widerstand versucht, sie mit Sonnencreme einzuschmieren. Mino beobachtet das Gealbere finster durchs Fenster aus der Innenkabine heraus. Igor sitzt mit einer Wasserflasche auf der Backbordseite im Schatten, Fabio hält mit einem Bier am Steuerrad die Stellung. Die Stimmung des Koches ist hervorragend, wie meistens, wenn er die Küche verlassen hat.

Wir schippern an den Castelli di Cannero vorbei, die wir vom Schiff aus begutachten, und steuern dann die Brissago-Inseln an. Ich freue mich, denn auf diese Weise kann ich mich gleich für meinen neuen Job weiterbilden. Auf den Brissago-Inseln soll es einen botanischen Garten mit einer Vielzahl von exotischen Pflanzen geben. Den möchte ich unbedingt besichtigen.

„Was ist los, warum wendest du?", frage ich Fabio überrascht. Die Inseln liegen direkt vor uns. Trotzdem fahren wir plötzlich wieder Richtung Süden. „Die Zeit ist zu knapp zum Aussteigen. Das Mittagessen haben wir auf den Borromäischen Inseln gebucht." Ich seufze und setze mich nach vorne zu Nicole in die Sonne. Dank des Fahrtwindes lässt es sich dort gut aushalten. Nicole tippt auf ihrem Handy herum. „Hast du eigentlich noch einmal etwas von dem Italiener und dem Griechen gehört?", frage ich sie. Sie schaut mich gequält an. „Erinnere mich nicht daran. Ich habe bestimmt die Liebe meines Lebens verpasst." „Ach, ich weiß nicht recht ...", sage ich. „Nein", setzt sie fort. „Ich habe mal eine SMS an Enrico geschickt, aber keine Antwort erhalten. Egal." Piedro legt den Arm um sie. „Ach, nicht traurig sein. Du bist doch mein Mädchen", sagt er auf Deutsch mit Akzent. Nicole lacht. Sie legt ihren Arm um Piedro. „Ach, ihr seid alle so nett hier! Komm Fabio, lass dich auch drücken." Sie gibt dem Koch, der gerade aus der Tür tritt, einen dicken Kuss auf die Wange. Ich sehe Mino innen im Schiff fast in Tränen ausbrechen. Jetzt tut er mir sogar für einen Moment leid.

Plötzlich fängt das Boot stark an zu schwanken. Die Wellen einer Autofähre, die direkt hinter unserem Heck unsere Route gekreuzt hat, schütteln uns ziemlich durcheinander. Alle schauen erschrocken dem großen Schiff hinterher, das unbeirrt in hoher Geschwindigkeit weiterfährt. Fabio, der am Bug steht, stößt einen Fluch aus und springt in die Kabine ans verwaiste Steuer. Die Autofähre, die auf italienischer Seite zwischen Intra und Laveno pendelt, hat er offenbar weder einkalkuliert noch gesehen. Sie hat uns nur knapp verfehlt.

Später sitzen wir zum *pranzo* unter einem Sonnendach auf der Isola Pescatore. Vor allen Mitreisenden steht ein Teller dampfender Spaghetti Frutti mare, nur ich bekomme eine vegetarische Version mit frischem Gemüse und viel Knoblauch. Vorher haben wir noch eine geführte Besichtigungstour über die benachbarte Isola Bella gemacht. Da die Aufmerksamkeitsspanne unseres Küchenteams kürzer ist als die eines Kindes, sind wir im Schnelllauf durch das Schloss gestürmt und haben nur an Gemälden mit halbnackten Frauen Halt gemacht. Auf der Terrasse des Lokals ist es dafür wunderbar entspannend. Ich bekomme allerdings zunehmend ein Problem: Es fühlt sich an, als ob ich immer noch auf dem Kahn säße. Der Boden unter mir schwankt und schwankt. Dass ich dabei die Wellen leise ans Ufer der kleinen Insel schlagen höre, macht die Situation nicht besser.

Nach dem Essen drehen wir auf der winzigen Insel mit ihrem authentisch erhaltenen Dorfkern noch eine kleine

Runde. „So, alle wieder aufs Schiff", ruft Christa uns zusammen wie eine Lehrerin auf Klassenfahrt. „Wie siehst du denn aus?", fragt sie mich, als ich über den Steg auf das Boot springe. „Moment bitte", rufe ich und stürme auf die andere Seite des Schiffs, um mich über dic Reling zu hängen. An einem windstillen Sommertag auf einer Insel in einem Binnensee seekrank zu werden, muss man erst einmal schaffen.

Oktober

Mein erster richtiger Termin für die *Tessiner Zeitung* steht an. „Wo genau muss ich da morgen hin?", frage ich über das Handy, während ich in Cannero vor dem Haus von Matteos Familie stehe. Es ist Mittwochabend, ich hatte den ganzen Tag frei, da die Praktikumsstelle auf achtzig Prozent begrenzt ist. „Nach Bellinzona, in den Palazzo Orseline. Das ist das Regierungsgebäude des Kantons", antwortet mir Daniel, der noch in der Redaktion sitzt und offenbar heute lange arbeitet. „Die Stadt Bellinzona übergibt einer Delegation aus Mazedonien einen Krankenwagen. Die holen den morgen ab. Da kann man einen kleinen Artikel draus machen. Wir haben da an dich gedacht. Hast du Lust?" „Ja klar", sage ich begeistert, stolz darüber, dass die anderen Redakteure mich schon so fest einplanen. „Soll ich auch Fotos machen?" „Nein, die Bilder kommen von der Fotoagentur. Falls du einen etwas längeren Text schreiben willst, könntest du jemanden von der Delegation fragen, was genau sie im Tessin angeschaut haben. Offenbar sind sie auch hier, um sich über das Schweizer Gesundheitswesen zu informieren." „Okay. Das kann ich machen. Super, danke."

Dass ich am richtigen Ort bin, erkenne ich am nächsten Tag an dem Ambulanzfahrzeug, das auf der Piazza Governo vor dem großen hellen Palazzo steht. Andere Journalisten sehe ich nicht. Nur eine einzelne Frau steht am Eingang des Gebäudes und schaut auf ihr Handy. Ich frage sie in gebrochenem Italienisch: „Wissen Sie, wo die Konferenz mit den Vertretern aus Mazedonien stattfindet?" Ich deute zum besseren Verständnis auf den Krankenwagen. „Si, si", strahlt sie mich an. „Hier im ersten Stock." Weil sie sich offenbar auskennt, frage ich gleich noch nach: „Glauben Sie, man kann dieser Delegation Fragen stellen? Ich soll etwas für die *Tessiner Zeitung* schreiben." „Ja, ganz bestimmt!", nickt sie. Ich bin erleichtert: Der Termin scheint unkompliziert zu sein, die Leute sind nett und hilfsbereit, und mit meinem Italienisch komme ich durch.

Ein Securitymitarbeiter öffnet mir die Tür zum gläsernen Treppenhaus. Als ich den Veranstaltungsort erreiche, trifft mich fast der Schlag. Der holzvertäfelte Raum des „Consiglio di Stato", wie auf dem Türschild steht, ist voll mit Menschen. Ich muss in der Tür stehen bleiben und den Personen vor mir auf Zehenspitzen über die Schulter schauen. In der Nähe eines großen Holztisches steht eine Gruppe Männer und Frauen in dunklen Anzügen und strengen Kostümen. Ich tippe auf die mazedonische Delegation und Vertreter der Stadt. Ein Mann begrüßt die Anwesenden, ganz besonders eine Frau mit sehr ernstem Gesichtsausdruck, und hält eine längere, von mir sowohl akustisch wie auch sprachlich nicht wahrzunehmende Rede. Sein Gesicht kenne ich allerdings aus der Zeitung. Der gehört nicht zur Stadt Bellinzona, sondern zur Regierung des Kantons Tessin. Da hat Daniel mir wohl nicht alle Details korrekt mitgeteilt.

Die Frau und der Staatsrat des Tessins schreiten an den Tisch, auf dem mehrere Unterlagen im eleganten Ledermäppchen liegen und unterzeichnen unter Blitzlichtgewitter der anwesenden Fotografen mehrere Dokumente. Es ist mir immer noch ein Rätsel, was dort passiert. Nur eines ist mir klar: Dieser osteuropäische Besuch ist nicht primär im Land, um einen Krankenwagen abzuholen. Stattdessen scheint es um engere Beziehungen zwischen dem Kanton und einer Region in Mazedonien zu gehen. Es ist mir unangenehm, dass ich quasi ohne Informationen in die Redaktion zurückfahren muss. Aber wenigstens kann ich mich später mithilfe der anderen Medien und Bürokollegen in Ruhe über den Inhalt des Termins informieren.

Ich will mich gerade umdrehen und gehen, als plötzlich die Dame vom Eingang wieder auftaucht. Sie tritt aus einer Ecke in den Sitzungsraum und wendet sich an alle Anwesenden: „So, ich danke den Gästen aus Mazedonien für ihren Besuch. Bevor wir die Veranstaltung schließen, habe ich aber noch einen Hinweis: Die *Tessiner Zeitung* möchte ein Interview mit der Ministerin machen." Sie entdeckt mich an der Tür und winkt mir zu. „Sie können jetzt herkommen." Alle Köpfe drehen sich neugierig zu mir um, von rechts und links wird mir anerkennend zugenickt. Die Leute vor mir bilden eine kleine Gasse, damit ich vortreten kann. Ich bin in Schockstarre verfallen. Panisch überlege ich einen Moment, einfach nach hinten zu verschwinden. Doch es ist zu spät. Ich gehe also auf die Dame zu und setze an, um zu erklären: „Eigentlich sind gar keine Fragen mehr offen geblieben", als sie schon von der Seite eine Gruppe Menschen heranholt. „Das ist der Dolmetscher. Sie können sich mit seiner Hilfe direkt an die Ministerin wenden." Die immer noch sehr ernste Frau tritt mir mit prüfendem, aber nicht unfreundlichem Blick entgegen. „Müssen Sie noch Ihre Kamera oder Ihr Aufnahmegerät aufbauen?", fragt mich die Mitarbeiterin vom Kanton – als solche habe ich sie inzwischen identifiziert – von der Seite? „Äh nein, ich mache rein schriftliche Notizen", antworte ich und hole einen kleinen Block aus der Tasche, den ich gestern Abend bei Matteo eingesteckt habe. „Hotel Bellavista" steht drauf.

Ich sehe, wie andere Journalisten sich interessiert um mich herum versammeln. Offenbar sind sie gespannt, welche Fragen die *Tessiner Zeitung* an die Delegation aus Mazedonien haben könnte. Mir geht es nicht anders. „Danke für das Interview“, setze ich mit meinem Anfänger-Italienisch an. Ich lege eine Pause ein, um den Dolmetscher übersetzen zu lassen – und mir ein paar Sekunden zum Nachdenken zu verschaffen. Die Ministerin nickt. Ich fahre fort: „Ähem. Sie sind ja nun auf Reisen in der Schweiz. Welche Ergebnisse brachte diese Reise für Sie?“ Der Dolmetscher übersetzt. Die Ministerin überlegt einen Moment und gibt dann eine längere Antwort in ihrer Muttersprache. Der Dolmetscher: „Die Regierungsvertreterin erklärt, dass sie sehr freundlich aufgenommen wurde und sehr interessante Tage erlebt hat. Die Beziehungen zwischen den Ländern sind sehr gut.“

Jemand schiebt ein Mikro an mir vorbei. Ein junger Mann mit Aufnahmegerät, offenbar vom Radio, wartet auf meine nächste Frage. Ich setze an: „Haben Sie das Ziel dieses Besuchs erreicht?“ Wieder folgt ein längerer, sehr ernster Redeschwall. Der Dolmetscher: „Die Regierungsvertreterin betont, dass sie sehr freundlich aufgenommen wurde und darüber sehr zufrieden ist. Die Beziehungen zwischen den Ländern sind sehr gut.“ Ich notiere extra langsam die Antwort und suche krampfhaft nach weiteren Fragen. Vergeblich. „Dann danke ich Ihnen für das interessante Gespräch und wünsche Ihnen noch einen schönen Aufenthalt!“, beende ich das Ganze. Der Dolmetscher übersetzt – und das ernste Gesicht meiner Gesprächspartnerin entspannt sich zu einem breiten Lächeln. Wir schütteln uns die Hände, beide gleichermaßen erleichtert, dass es vorbei ist. Ich komme mir für einen Augenblick vor, als ob ich für den *Spiegel* arbeitete. Nur der Radiomitarbeiter drückt etwas enttäuscht auf seinem Aufnahmegerät herum. Ich stecke meinen Block in die Tasche und verschwinde aus dem Raum.

Als ich nachmittags in der Redaktion eintreffe, liegt ein

ausgedrucktes Pressecommuniqué auf meinem Schreibtisch. Eine detaillierte Einladung zum „Regierungstreffen" mit allen wichtigen Hintergrundinfos. „Wo ist denn Daniel?", frage ich Beata, eine Kollegin. „Der ist wohl noch beim Termin." Sie blickt in ihren Computer. „Der musste heute nach Bellinzona zum Besuch einer Delegation aus Serbien." „Mazedonien", sage ich. „Aber da war ich doch eben ..." „Du? Ach so?" Sie hebt überrascht den Kopf. Aus dem Nachbarbüro ruft eine Stimme: „Daniel ist schon zu Hause in der Deutschschweiz. Der hat sich heute frei genommen." Wir schauen überrascht zur Tür. „Ach so?", sagt Beata wieder. „Das klang gestern aber noch ganz anders. Dann hat er den Termin wohl in Eigenregie umorganisiert."

Eine Wohnungsbesichtigung in Locarno steht an. Eigentlich würde ich gerne weiter in Italien wohnen, in der Nähe von Matteo. Doch das schafft Probleme für meine Arbeitsgenehmigung. Für eine sogenannte Grenzgängerbewilligung müsste ich erstmal eine gewisse Zeit in Italien fest wohnen. Meine Zeit im Gatto Rosso zählt da offenbar nicht mit. Im Einkaufsladen in Locarno habe ich einen Aushang für ein teilmöbliertes Einzimmerstudio im Zentrum, nahe der Piazza Grande, entdeckt. 400 Franken. Das klingt doch gar nicht so schlecht. Ich bin eh oft bei Matteo, hätte aber einen festen Platz für mich und meine Kleidung. Der Vermieter, ein Mann Mitte fünfzig, wartet vor einer Bar auf mich und winkt mir schon von weitem zu. Er spricht erst Italienisch, wechselt dann aber schnell ins Deutsche mit Schweizer Akzent.

„Aus Deutschland kommen Sie? Interessant. Und was machen Sie genau hier? Gastronomie?" „Ja, bisher habe ich gekellnert. Aber jetzt mache ich ein Praktikum bei einer Zeitung." „Ach ja?" Der Mann schaut überrascht und meint dann: „Dann ist die kleine Wohnung sicher genau das Passende für sie." Wir betreten ein großes Appartementhaus, das tatsächlich fast an der Piazza Grande liegt. Mit der hübschen Altstadtfassade hat es aber nichts gemeinsam, es ähnelt eher deutscher Nachkriegsarchitektur. Balkone gibt es nicht, dafür große Fenster mit vergilbten Rollos. Für mich ist es aber okay, es wirkt urban und erinnert mich an den nicht jedermann zugänglichen Charme meiner Unistadt. Nachdem wir im langgestreckten Gebäude eine Weile durch ein gänzlich tageslichtfreies Labyrinth von Gängen und Treppen gelaufen sind, schließt der Vermieter eine Tür auf, die in einen hellen Raum führt. Das Studio hat tatsächlich ein großes Fenster Richtung Süden mit Blick auf die Berge. Ein Doppelbett, ein Bar-Tisch und zwei Hocker bilden die Möblierung. Es gibt eine Kochnische und ein abgeteiltes Bad. „Hier ist alles drin, was Sie brauchen! Ist doch perfekt für Sie", sagte der Mann. Der Preis ist okay. Und ich halte mich ja nicht immer hier auf. „Ich denke, ich nehme das", sage ich. „Gut. Dann können Sie unterschreiben. Hier sind die Schlüssel. Nicht verlieren. Ich habe jetzt keine mehr." Der Mann zwinkert mir zu und verschwindet. Ich bleibe noch einen Moment im Zimmer, um mein neues Domizil auf mich wirken zu lassen. So schnell habe ich noch nie etwas angemietet. Aber die Kündigungsfrist liegt bei einem Monat. Zu verlieren habe ich nichts. Als ich das Gebäude wieder verlassen will, benötige ich mehrere Versuche, um im Treppenhaus den Weg zur Eingangstür zu finden. Mir begegnet niemand. Ich höre auch niemanden. Das gefällt mir. Das ist die Anonymität, die ich in Cannero öfters vermisst habe.

„Du hast eine Wohnung?" Matteo sieht tatsächlich verblüfft aus. „Schläfst du jetzt immer dort?" Ich habe fast ein schlechtes Gewissen. Hätte ich das vorher mit ihm besprechen sollen? So lange kennen wir uns ja noch gar nicht. Ich kann mich ja schlecht fest bei ihm einnisten – schließlich wohnt er im Haus seiner Mutter. „Es geht darum, dass ich jetzt erst einmal eine richtige Adresse im Tessin habe. Und dass ich meine Sachen unterstellen kann. Ich komme ja trotzdem gerne her." „Eventuell können wir ja auch im Winter in einer Ferienwohnung des Hotels wohnen", sagt er. Ich bin platt. Damit habe ich nicht gerechnet. Hätte er das nicht vorher schon mal andeuten können? Das wäre natürlich toll. „Kann ich mich mit der Adresse auch fest bei der Gemeinde anmelden? Wegen meiner Arbeitsgenehmigung?" „Das geht natürlich nicht." „Ja, eben."

Ich schaue Nicole zu, die ihr Zimmer ausräumt. Das Ende der Saison naht, im November wird das Personalhaus vom Gatto Rosso komplett verwaist sein. Wer hätte im Frühjahr geahnt, dass ausgerechnet ich als Einzige vor Ort bleibe. Trotz des sonnigen Wetters ist es herbstlich kühl in den Zimmern. „Nach der Arbeit sitzen wir unten im Flur vor dem Holzofen", erzählt Nicole mir. Ich war abends schon ein paar Tage nicht mehr da. „Wenn das Feuer erlischt, gehen wir schlafen." Meine Klamotten habe ich in meine neue Wohnung in Locarno gebracht, die Zeit verbringe ich aber trotzdem meist in Cannero. Es ist ein komisches Gefühl, im Personalhaus zu sitzen: vertraut – und gleichzeitig schon fremd, obwohl ich erst vor wenigen Tagen richtig ausgezogen bin. „Nächstes Jahr komme ich auf jeden Fall wieder", sagt Nicole. „Das war der beste Sommer meines Lebens." „Weißt du inzwischen, was du über den Winter machst?" Am liebsten wäre mir, sie würde auch hierbleiben. „Ich kann in Deutschland wieder in dem Hotel aushelfen, wo ich vorher war. Ich habe denen aber gleich gesagt, dass ich im Frühjahr wieder nach Italien gehe!" Nicole wischt mit einem Tuch einen schon geleerten Schrank aus. „Bist du dann noch da?" Gute Frage. Ich weiß es nicht. „Mein Praktikum geht bis Dezember. Ich hoffe natürlich, dass ich noch etwas länger bleiben kann." Ich überlege: „Du hast nicht zufällig eine Idee, wo ich hier ein günstiges Auto kaufen kann?" „Ein Auto?" „Für das Praktikum. Und damit ich hier nicht im Dorf festsitze." „Nee, weiß ich wirklich nicht." Sie grinst mich an. „Du richtest dich ja richtig ein hier. Da sieht man mal, was so ein Italiener anrichten kann!" „Das ist ja nicht wegen Matteo", protestiere ich. „Ich wollte doch immer ins Ausland zu einer deutschsprachigen Zeitung. Außerdem bleibe ich nicht im Dorf, sondern arbeite im Tessin." „Na dann ..." Nicole grinst immer noch. „Das ist natürlich etwas ganz anderes ..."

Es kracht auf dem Flur. Offenbar ist eine Kiste mit Geschirr heruntergefallen. „Merda!", hören wir Mino fluchen. Nicole und ich schauen uns an und müssen lachen. Prompt schaut ein Kopf durch die Tür. Mino mustert uns einen Moment. „Schon wieder da?", fragt er mich dann. „Hattest wohl Sehnsucht nach mir!" „Was machst du eigentlich, wenn das Lokal schließt?", will ich von ihm wissen. „Nächstes Jahr komme ich wieder her. Im Winter kann ich hoffentlich zu Hause in Varese arbeiten. Aber hier ist es besser." Mino zieht seine nagelneue Lederjacke zurecht und streicht sich durch das struppige, aber zumindest gewaschene Haar. Eine Wolke süßlichen Moschusdufts erfüllt den Raum. In der Tat hat ihm die Zeit in Cannero gut getan. Früher wusste man, dass er im Haus war, wenn es nach nassem Hund roch. Inzwischen blockiert er stundenlang das Bad und belegt ständig die Waschmaschine. „Ich muss weiter. Bin im Boccio verabredet." Wir hören ihn die Kiste einräumen und den Flur hinausschlurfen.

„Wo zahlen wir denn nun deinen Lohn hin?“, fragt mich die Sekretärin im Verlag, die mich auf dem Flur abgefangen hat. Hast du jetzt ein Konto in der Schweiz?“ „Noch nicht so richtig…“ Administrativen Angelegenheiten gehe ich halt gerne aus dem Weg. Also schickt sie mich zu einer Bank. An der nächsten Ecke lädt eine große Glastür in die Eingangshalle eines Finanzinstituts ein. Weit muss man tatsächlich nirgends laufen in der Schweiz, um an Geld zu kommen – glaube ich zu diesem Zeitpunkt noch. „Ich möchte ein Konto eröffnen“, erkläre ich. „Für meinen Lohn.“ „Ja, gerne. Füllen Sie bitte den Antrag aus. Stammen Sie aus dem Ausland? Dann müsste ich Ihre Arbeitsgenehmigung sehen.“ „Ja, ich komme aus Deutschland. Hier mein Permesso!“ „Dann müssen Sie zur Eröffnung mindestens 3000 Franken auf Ihr Konto legen.“ „Das sollte gehen. Also zusammen mit dem Lohn, wenn er kommt.“ „Aber es muss auf dem Konto bleiben.“ „Ich darf an die 3000 nicht ran? „Nein. Die Summe ist eine Sicherheit“. „So viel Geld habe ich aber nicht im Moment. Ich muss ja von irgendetwas leben.“ „Dann können Sie leider kein Konto eröffnen.“ „Aber ich bekomme meinen Lohn nur mit Schweizer Konto.“ „Tut mir leid. Sie sind Ausländer. Wir haben unsere Bestimmungen.“ Ich sammle meine Unterlagen wieder ein und gehe zurück in die Redaktion. Mir ist nach Heulen zumute. Ich dachte immer, in der Schweiz spielt es für die Banken keine Rolle, wo Kunde und Geld herkommen. Das scheint aber für eine andere Gehaltsklasse zu gelten. Ich schaue bei der Sekretärin vorbei. „Also das klappt nicht mit dem Konto. Ich habe nicht genug Geld.“ Sie schaut hoch und blickt mich verständnislos an. „Wie bitte? Wieso?“ „Ach, die brauchen eine Sicherheit, weil ich doch nur einen befristeten Permesso habe und …“ „Bei welcher Bank warst du?“ „Hier vorne an der Ecke …“ „Moment.“ Sie sucht etwas im Computer, greift lann zum Telefon und wählt. Es folgt ein längerer italienischer Redeschwall, bei dem ich mal wieder keine Chance habe, etwas zu verstehen. Nach einem zweiten Telefonat erklärt sie: „Alles klar. Du kannst zur Bank am Brunnen gehen." Eine halbe Stunde später bin ich stolzer Inhaber eines Schweizer Bankkontos.

„Hättest du Lust, einen Beitrag zu unserer Sommerserie zu schreiben?", fragt mich der Chefredakteur in der Sitzung. „Dorfporträts von besonderen Orten im Tessin", erläutert er. Ich schaue auf den Kalender an der Wand. „Sommerserie? Haben wir nicht fast November?" „Das macht nichts. Es ist immer noch Wandersaison, und außerdem haben wir die Serie erst im August begonnen." „Habt ihr schon bestimmte Orte ausgesucht?" „Wir hatten zum Beispiel an Faido gedacht, im Leventinatal Richtung Gotthard. Da kannst du ganz bequem über die Autobahn hinfahren. Oder mit dem Regionalzug. Früher schob sich der ganze Nord-Süd-Verkehr durch Faido, was es zu einem blühenden Tourismusort mit schönen, alten Hotels machte, dann kam die Autobahn. Seitdem lassen ihn die Touristen links liegen, die alten Hotels sind geschlossen ..." „Das klingt spannend", sage ich. Mit genervter Stimme schaltet sich Daniel ein: „Den Ort wollte ich doch machen. Das hatte ich schon gesagt. Ich habe bereits sehr viel Material herausgesucht." Der Chefredakteur macht sich Notizen. „Okay, wenn das so ist, dann macht Daniel Faido. Welcher Ort käme noch in Frage?" „Wir hatten doch noch Borgnone rausgesucht", sagt Daniel mit Blick auf mich. „Mach doch den." Der Chefredakteur nickt zustimmend. „Und was ist da die Hintergrundgeschichte?", frage ich nach. „Die Abgeschiedenheit an der Grenze. Kannst dir was überlegen." Ich gehe zu meinem Computer, um herauszufinden, wo Borgnone liegt.

„Schau, die Centovallina-Bahn fährt etwa jede Stunde bis Borgnone." Meine Kollegin deutet auf den Bildschirm meines Computers. „Den nächsten Zug bekomme ich aber nicht mehr. Danach wird es zeitlich knapp." „Warum nimmst du denn nicht einfach dein neues Auto? Es geht sicher schneller. Auch wenn das Tourismusbüro das gar nicht gerne hört ..." Ich zögere mit der Antwort. Ich traue mich nicht zu sagen, dass mir die engen Kurven in den Tälern Respekt einflößen. „Ich muss mich an mein Auto erst noch gewöhnen. Das fahre ich ja erst seit ein paar Tagen." Ich habe den Wagen den deutschen Stammgästen des Gatto abgekauft. Die wollten ihr Zweitauto loswerden. Weil sie mich als Kellnerin so nett fanden, haben sie mir einen Sonderpreis gemacht. Das Auto anzumelden und zu versichern war allerdings etwas umständlich. Ich habe es erst einmal in der Schweiz versucht. Die Versicherungen winkten jedoch ab, als sie von meinem Kurzzeit-Permesso hörten. Damit müsste ich die doppelte Prämie zahlen, hieß es. Am Ende habe ich das Auto über meine Heimatadresse in Deutschland angemeldet und die Nummernschilder dank Eltern auf dem Postweg erhalten.

„Meinst du im Centovalli laufen mir Esel vor das Auto?", frage ich die Kollegin. „Esel? Sicher nicht. Das Tal ist internationale Transitstrecke. Du solltest nicht zu spät hier losfahren, sonst gerätst du in die Rushhour mit den ganzen Grenzgängern." Mit klopfendem Herzen und einer verstaubten Landkarte aus den Redaktionsarchiven fahre ich los. Von Locarno aus steuere ich Intragna an. Nach der ersten scharfen Kurve und steilen Steigung in dem kleinen Dörfchen kann ich mich aber doch etwas entspannen. Es ist eigentlich sehr hübsch. Außerdem geht es geruhsam voran. Die schmale Talstraße mit ihren rauen Felswänden und den engen Kurven lässt ohnehin nur Geschwindigkeiten von maximal 30 Stundenkilometern zu.

Malerische Dörfchen säumen die Strecke. Es ist wenig Verkehr, nur einmal kommt mir ein deutsches Wohnmobil entgegen. Selbst durch die Scheiben erkenne ich den Schweiß auf der Stirn des Fahrers. Kein Wunder, an manchen Stellen hängt der Fels in zwei bis drei Metern Höhe leicht über. „Internationale Transitstrecke", das hat ihm sicher auch sein Navi erzählt.

Als ich gerade wieder in eine Rechtskurve mit gefühltem 360-Grad-Radius hineinfahre, schrecke ich zusammen. In meinem linken Seitenfenster taucht plötzlich ein Auto auf – von hinten. Ich schaue zur Seite und sehe auf meiner Höhe eine Frau am Steuer, die wohl bei Anblick meines deutschen Nummernschildes die Geduld verloren und zum Überholen angesetzt hat. Allerdings verschätzte sie sich sowohl bei der Streckenführung als auch bei meiner Geschwindigkeit. Zumindest fahren wir für einen Moment nebeneinander um die Haarnadelkurve, ich habe auf meiner Seite die grob behauene Felswand, sie auf ihrer den Abgrund mit dem Stausee. Ich trete vor Schreck auf die Bremse, sie gibt noch einmal verzweifelt Gas – und zieht dann endlich an mir vorbei. In diesem Moment schießt uns ein Motorrad entgegen.

Kurz vor der Landesgrenze in Camedo erblicke ich ein Hinweisschild „Borgnone". Die Straße zweigt bergauf von der Kantonsstraße ab. Je weiter ich nach oben fahre, umso beeindruckender wird das Landschaftsbild. Am Steuer bekomme ich aber langsam schweißnasse Hände. Es ist nicht so sehr die Höhe, die mir Mühe macht, eher die Fortbewegung auf der schmalen Steigung: Was ist, wenn ich dem Gegenverkehr nicht ausweichen kann? Muss ich dann den kurvigen Weg rückwärts hinunterrollen? Die Frage erübrigt sich. Mir kommt kein Auto entgegen. In Borgnone angekommen parke ich neben der Kirche, stelle mich an den Straßenrand, atme tief durch und schaue mich um.

Das Panorama im Sonnenlicht ist beeindruckend. Direkt vor mir, nach unten abfallend, liegt der *nucleo*, der Ortskern, mit seinen Rustici und terrassenförmig angelegten Gärtchen. Gegenüber blicke ich auf bewaldete Berggipfel und Lichtungen mit Weiden und Wiesen. Es wunderschön. Allerdings weiß ich nicht so recht, was ich aus meinem Artikel machen soll. Der Ort wirkt verwaist. „Abgeschiedenheit an der Grenze", was mir als Thema mitgegeben wurde, trifft es gut.

Eine Tür öffnet sich und eine alte Frau kommt heraus. Sie sieht mit ihrem Kopftuch genauso aus, wie ich mir ein altes Mütterlein in einem Bergdorf vorstelle. Wahrscheinlich ist sie Fremden gegenüber, die hier ohne erkennbaren Grund in den Gässchen herumlungern, skeptisch. Trotz meiner Vorbehalte spreche ich sie an. Sie reagiert überraschend offenherzig. Als ich ihr erkläre, dass ich ein Porträt über das Dorf machen möchte, mir als Zugezogene aber noch jegliche Ideen für Inhalte fehlen, legt sie los: Die Abwanderung der jungen Leute sei doch ein Thema. So kleine Dörfchen würden aussterben. „Andererseits kann ich es verstehen", setzt sie hinzu. „Im Winter wohne ich selbst nicht hier. Da lebe ich bei meinem Sohn." Ich schreibe mit. „Traditionell ist das Centovalli sehr beliebt bei Schmugglern", ergänzt sie und lacht. „Ob das heute noch so ist, weiß ich allerdings nicht. Ich habe bisher keine gesehen. Aber es gibt Anwohner, die fordern eine stärkere Bewachung des kleinen Grenzübergangs in Camedo." Sie wechselt das Thema: „Und kennen Sie die Via del mercato, die alte Marktstraße durch Borgnone? Früher war sie die einzige Verbindung des Centovalli mit Locarno." Heute sei der Saumpfad ein beliebter Wanderweg – und eine Zeitreise in das ländliche und handwerkliche Leben von früher. Die Frau ergänzt: „In Intragna steht übrigens der höchste Kirchturm des Kantons. Haben Sie den gesehen?"

Ich schüttle den Kopf. Ich war viel zu sehr auf das Autofahren konzentriert. Motiviert mache ich mich auf den Rückweg. Es war Luxus, den halben Arbeitstag an so einem herrlichen Ort zu verbringen. Um die Region besser kennenzulernen, sollte ich öfters mal in irgendwelche Orte fahren und die Anwohner ansprechen. Aber ohne beruflichen Auftrag ist die Hemmschwelle ja meist zu groß.

Nachts schlafe ich zum ersten Mal in Locarno. Bisher habe ich meine neue Wohnung zwar eingeräumt, aber noch nicht wirklich bewohnt. Das muss ich jetzt wenigstens einmal ausprobieren. Am Abend laufe ich eine Runde durch Locarno. Innerhalb der Woche ist von Nightlife, wie ich es mir ein wenig erhofft hatte, nicht viel zu spüren. Da ist in Cannero fast mehr los. Aber ich entdecke eine Bar, in der noch Betrieb herrscht. Sie sieht eigentlich ganz stylish aus. Im Eingang begegne ich zu meiner Überraschung tatsächlich einem bekannten Gesicht. Der Verlagsmitarbeiter mit der Hipsterbrille, ein Grafiker, unterhält sich mit einem Typen mit Zopf. „Ach hallo", sagt er zu mir. „Was machst du denn hier?" „Ich wollte mir mal die Kneipenszene von Locarno anschauen." „Na, die liegt vor dir. Viel Spaß." Damit verschwindet er um die Hausecke. Ich trete ein und bestelle mir an der Bar ein Getränk.

Ich bin nicht die einzige Person, die alleine herumsteht. In jeder Ecke sitzt irgendein Gast und starrt über sein Bierglas ins Leere. Der Typ mit dem Zopf stellt sich neben mich an die Bar und bestellt irgendetwas. Während er wartet, dreht er sich zu mir um. „Machst du hier Urlaub?" „Nein, ich arbeite hier. Mit Lorenzo zusammen. Für die Zeitung." „Ah, okay. Von wo kommst du?" „Aus Deutschland. Ich mache ein Praktikum. „Und gefällt es dir hier?", wechselt er ins Deutsche. „Oh, ja, doch. Ist ja Urlaubsgebiet." Der Typ nickt. „Ist schon schön hier. Aber es könnte mehr los sein. Aus Deutschland bist du sicher anderes gewohnt." „Ja, in den Städten ist natürlich schon viel Angebot. Da kann man jeden Abend woandershin weggehen." „Das kenne ich aus Zürich. Dort war ich auch abends immer im Ausgang. Dafür gibt es hier im Tessin die ganzen Festivals. Im Sommer natürlich." „Du warst in Zürich? Deswegen sprichst du so gut Deutsch?" „Ich habe dort studiert. Und in Lausanne. Dann bin ich zurückgekommen, weil ich die Firma meines Vaters übernommen habe." „Ach, was ist das für ein Unternehmen?" „Eine Schreinerei." Ich bin überrascht. „Hast du denn dazu Lust gehabt? Bist du als Schreiner nicht überqualifiziert mit Studium und zwei Fremdsprachen? Du sprichst ja auch Französisch, wenn du in Lausanne warst." „Und Englisch. Aber das ist ja normal in der Schweiz. Unsere Sekretärin vom Telefonempfang kann das auch alles." Ich bin beeindruckt. Er spricht weiter: „Wir produzieren sehr hochwertige Möbel. Ich liebe die Arbeit mit dem Holz. Während des Studiums kam ich eigentlich auch jedes Wochenende nach Hause. Es war gut, mal etwas anderes gesehen zu haben. Aber zum Leben ist es hier schöner."

Ich beschließe, das zum Abschlusswort des Abends zu machen und in meine Wohnung zu gehen. Ich schließe die Haupthaustür auf und laufe durch die Flure. Inzwischen gelingt es mir auf Anhieb, in das richtige Treppenhaus abzubiegen und den Weg zu meiner Wohnung zu finden. Dort angekommen setze ich mich auf mein Bett und starre aus dem Fenster. Zum ersten Mal seit meiner Abreise aus Deutschland wünsche ich mir einen Fernseher herbei, der das Zimmer fiktiv mit Menschen füllt. Zum Glück habe ich noch ein Buch im Gepäck, was ich mir erst einmal hervorhole. Eine Nachttischlampe habe ich nicht, also lasse ich die Deckenbeleuchtung, zwei Leuchtstoffröhren, an. Langsam werde ich müde. Ich schalte die

Lampe aus und schaue noch einen Augenblick zu den Lichtern draußen. Ich schlafe ein. Und dann erwacht das Haus zum Leben.

Türen knallen, lautes Gekicher hallt durch den Flur vor meiner Wohnungstür. Immer mehr Frauenstimmen werden laut, mehrere Personen unterhalten sich aufgeregt. Die Schritte kommen näher und laufen an meinem Zimmer vorbei. Auch eine Männerstimme kann ich ausmachen. Es scheint eine ganze Gruppe junger Leute zu sein, die gerade nach Hause kommt. Ich drehe mich zur Seite und versuche weiterzuschlafen. Allerdings kommen die Schritte zurück, direkt vor meiner Tür lacht jemand laut. Irgendwo geht Musik an. Ich greife zu meinem Handy am Bett und schaue auf die Uhr. 2.30 Uhr. Es sind sicher Gastronomiemitarbeiter, die Schichtschluss haben, überlege ich. Aber welches Restaurant oder welche Bar ist denn jetzt eigentlich noch geöffnet? Die Hotels und Restaurants waren ja schon dunkel, als ich vorhin nach Hause ging. Um sieben Uhr wache ich völlig gerädert auf. Im Haus ist es inzwischen still, dafür hat draußen der Autoverkehr begonnen. Der Bus kurvt unter dem Fenster vorbei. Als ich die Wohnung später in Richtung Redaktion verlasse, finde ich das Treppenhaus vor wie immer: verlassen und leer, als ob ich der einzige Bewohner dieses Hauses wäre. Eines weiß ich sicher: Die nächste Nacht werde ich in Cannero verbringen.

November

„HAST DU NICHT NOCH ETWAS ANDERES zum Anziehen?“ Ich schaue Matteo perplex an. „Etwas anderes? Ist das nicht schick genug?“ Ich zupfe an dem Rock herum, der eventuell etwas verknittert ist. „Ich überlege nur, ob der Rock vielleicht ein bisschen zu kurz ist. Es ist ja schon ein sehr formeller Anlass.“ Ich schaue an mir herunter. „Sind die denn so streng dort?“ „Hast du vielleicht eine weiße Bluse dazu?“ „Nein, so etwas habe ich das letzte Mal mit acht Jahren beim Geburtstag meiner Großtante getragen.“ Mir wird es zu blöd. Seit wann macht ausgerechnet Matteo so einen Wirbel um Mode?

Eine halbe Stunde später stehe ich in langer Hose, dafür mit Glitzertop, im Hausflur von Matteos Familie. Seine Mutter tritt mir im üblichen schwarzen Kostüm entgegen, das man sonst nur auf historischen Familienfotos zu sehen bekommt. Sie betrachtet skeptisch meine freien Schultern. Matteo tritt dazu. Er hat moosgrünes Tweet-Sakko zu brauner Hose kombiniert. Die Ausstattung könnte von seinem Großvater stammen. „Gehen wir? Das Auto steht vor der Tür.“

Unser Ziel ist Stresa, etwa eine halbe Stunde entfernt. Der Ort am Lago Maggiore mit den vorgelagerten Borromäischen Inseln ist bekannt für seine großen, traditionellen Hotels. In einem der eleganten Häuser lädt der Hoteliersverband der Region zum Cena, zum Dinner, ein. Es scheint das Jahres-Highlight zu sein. Das ist schon daran festzustellen, dass Matteos Mutter für diesen Anlass ihren Wohnort verlässt. Das kommt sonst nur bei seltenen Arztbesuchen vor, wie ich hörte.

Am Zielort rangiert Matteo den Wagen direkt vor den Haupteingang des pompösen Hotels. Dann springt er raus und öffnet seiner Mutter die Autotür. Hatte diese vorher noch mit zusammengekniffenen Lippen auf der Rückbank gesessen und aus dem Fenster gestarrt, steigt sie nun mit großer Gestik aus dem Auto und lächelt huldvoll nach rechts und links in die imaginäre Menschenmenge. Jubelschreie bleiben aufgrund fehlender Zuschauer aber aus. Ich klettere noch schnell aus der Beifahrertür und laufe den beiden hinterher, um den Anschluss nicht zu verpassen.

In der Hotelhalle kommt uns eine junge Dame im kurzen, halbtransparenten Kleid entgegen. „Cara, come sei bella", kreischt Mamma. Auch Matteo zeigt sich sichtlich beeindruckt. Mit meiner langen Hose fühle ich mich jetzt schon wie auf dem Geburtstag meiner Großtante.

Nach einem Aperitif nehmen wir im großen Saal Platz. Ein Paar im Alter von Matteo setzt sich neben uns. „Die haben in Pallanza ein Hotel am See", raunt Matteo mir zu. Die Frau mit dem Pagenschnitt grüßt knapp und würdigt mich dann keines Blickes mehr. Mamma lächelt huldvoll in die Runde. „Ist das nicht schön hier?", fragt sie meinen Tischnachbarn. Der lächelt zurück und nickt bestätigend. Für Mamma Aufforderung genug, zu einer nicht enden wollenden Tischkonversation über Wetter, Dekoration und Tourismustrend anzusetzen.

Das Essen beginnt. Mein Tischnachbar niest dreimal, während er in seinem Teller herumstochert. „Salute!", wünsche ich. Gesundheit. „Erkältet?", frage ich dann, dankbar über einen Gesprächsanlass. „Nein. Schimmelallergie", erklärt der und isst ungerührt weiter. Ich schaue einen Moment entsetzt auf seinen Teller, dann auf meinen. Bis es mir dämmert, dass er einen Witz gemacht hat. Ich muss grinsen. „Und du übernimmst also demnächst Mammas

Rolle im Hotel?", fragt plötzlich die Ehefrau des Mannes zuckersüß über den Tisch. Ich schaue überrascht auf: „Also darüber haben wir uns noch keine Gedanken gemacht ..." Bevor ich weitersprechen kann, hat sich Matteos Mutter in Position gebracht, mit funkelnden Augen und scharfer Stimme. „Niemand übernimmt hier die Rolle von irgendjemandem. Mein Sohn und ich sind ein eingespieltes Team, und das wird auch so bleiben." Mamma nimmt energisch einen Schluck Rotwein und setzt hinterher: „Außerdem haben wir nur qualifiziertes Personal." Die andere Dame lehnt sich zufrieden zurück, ihre Mundwinkel zucken leicht. Zu mir gewandt sagt sie: „Oh, ich dachte Sie kommen aus der Hotellerie?" „Sie ist Aushilfskellnerin im Gatto", antwortet Mamma. „Also eigentlich bin ich Journalistin", werfe ich ein. „Nicht wahr, Matteo?" Der hört gar nicht zu, sondern blickt mit gerührtem Blick auf seine Mutter. „Ach Mamma", sagt er liebevoll. „Ohne dich wären wir doch aufgeschmissen." „Eh si, la mamma è sempre la mamma." Die Mamma ist immer die Mamma, nickt diese und entspannt sich wieder.

„Und wie war gestern dein Galadinner in Stresa?", fragt meine Kollegin Beata in der Redaktion. „Das Essen war ganz gut." Mehr zu erzählen habe ich keine Lust. Ich habe wenig geschlafen. Nach einer auf das Essen folgenden, nächtlichen Diskussion mit Matteo fand ich keine Ruhe mehr. Ergebnis der Diskussion war, dass seine Mutter einen ganz besonderen Humor hat, den ich nicht verstehe, und die Kommunikationsprobleme auf den Mentalitätsunterschieden zwischen Deutschen und Italienern beruhen. Derselbe Grund, weshalb ich beispielsweise auch keinen Sinn für Fernsehshows mit tanzenden Uniabsolventinnen im Bikini hätte. Eine der Lieblingssendungen der Familie.

„Das klingt ja mittelmäßig begeistert", analysiert Beata. „Gibt's Probleme?" „Nein, das nicht. Es ist manchmal nur nicht ganz einfach, wenn der Freund so eng mit der Mutter zusammenlebt. Ich dachte vorher immer, das wäre ein Klischee bei Italienern." „Aha, Beziehungsstress. Dann habe ich etwas für dich zum Ablenken! Einen Termin bei einem unverheirateten Jungbauern, der seinen Hof ganz alleine führt. Vielleicht braucht der ein wenig weibliche Unterstützung." Ich verdrehe die Augen. „Ihr braucht mich nicht zu verkuppeln." Neugierig bin ich trotzdem. Sie zeigt mir einen ausgerissenen Zeitungsausschnitt, auf dem ein junger, etwas blasser Mann eine Medaille in der Hand hält und verdutzt in die Kamera guckt. „Wir unterstützen immer mal den Verein der Bergbauernhilfe, indem wir Artikel publizieren und deren Aktivitäten bekannter machen. Sie haben jetzt einen Bergbauern in der Leventina für seinen Ziegenkäse ausgezeichnet. Über den könnten wir ein kleines Porträt machen."

Am folgenden Tag fahre ich nach Biasca. In der Nähe dieses Ortes soll der Hof liegen. Dreimal biege ich am selben Kreisel falsch ab, weil ich die richtige Ausfahrt für eine Sackgasse halte. Sie führt mitten in eine Baustelle für den neuen Gotthardbasistunnel mit einem Gewirr aus großen, roten Röhren, die aus dem Berg kommen. Irgendwann stelle ich fest, dass zwischen den Transportbändern tatsächlich ein kleines Gehöft liegt. Ein paar Esel stehen am Gatter und schauen mir entgegen.

Ich parke mein Auto vor einem älteren Gebäude und suche vergeblich eine Klingel. In dem Moment taucht hinter dem Haus ein junger Mann auf, schmal und jungenhaft, so wie ich ihn auf dem Foto gesehen habe. „Ja?", fragt er etwas scheu. „Ich habe angerufen. Ich komme von der *Tessiner Zeitung*", sage ich auf Italienisch und schenke ihm ein, so wie ich hoffe, ermutigendes Lächeln. „Ah ja, stimmt."

Er kommt näher und reicht mir skeptisch die Hand. „Worum geht es genau? Das habe ich nicht ganz verstanden." „Wir wollen einen Artikel über Sie machen. Wie Sie hier leben und arbeiten." „Aha. Ja. Und warum?" Ich bin einen Moment überrascht. Bisher habe ich nie erlebt, dass sich ein Kleinunternehmer, egal ob Bäcker oder Künstler, beschwert hat, weil die Zeitung über ihn schreiben wollte. „Sie haben doch einen Preis gewonnen für Käse. Unsere Leser interessiert das." „Ach so. Ja, ist okay. Was wollen Sie wissen?" Er steht immer noch etwas misstrauisch vor mir, macht keine Anstalten mich ins Haus zu bitten. „Erzählen Sie mir doch mal, wie Sie hier arbeiten. Wie viele Mitarbeiter haben Sie?" Ich zücke meinen Kugelschreiber. „Mitarbeiter?" Er schüttelt den Kopf. „Wo soll ich die denn herhaben? Hier gibt's nur mich." „Okay. Dann fangen wir doch mal mit den Tieren an. Wie viele Ziegen haben Sie hier? Dann können wir auch später ein Foto mit Ziegen machen: Sie bei der Arbeit." Er schaut mich an, als hätte ich den Verstand verloren. „Die Ziegen? Die sind doch nicht hier. Die sind auf dem Berg." „Ach, haben Sie noch mehr Ländereien? Interessant, erzählen Sie mal!" Ich warte immer noch darauf, endlich meine erste Notiz in den Karoblock zu machen.

Dem prüfenden Blick des Bauern entnehme ich, dass er überlegt, ob ich einen Witz gemacht habe. Er scheint sich dann dafür zu entscheiden, ein wenig Rücksicht auf meinen nicht ganz ausgereiften Verstand zu nehmen. „Ich rede von diesem Berg hier", sagt er und zeigt mit dem Arm die Felswand hinter seinem Haus hoch. „Dort sind die Ziegen." Ich schaue hinauf. Der Berg hat mindestens 1500 Höhenmeter. „Und wie kommen die da rauf?" Wieder der verständnislose Blick. „Na ja, sie klettern hoch. Bis sie wieder nach Hause kommen. So alle zwei bis drei Tage." „Ach, das machen die ganz selbstständig?", frage ich beeindruckt. „Ja klar, sind doch Ziegen." Fototechnisch muss ich also umdisponieren. „Sie haben doch sicher eine Kühlkammer für den Käse, oder?" „Ja, sicher!" „Kann ich die mal sehen? Vielleicht eignet die sich für Fotos!" Er nickt.

Wir gehen ins Haus. Wohn- und Arbeitsräume sind nur schwer auseinanderzuhalten. Die einfache Einrichtung scheint sich in den vergangenen fünfzig Jahren nicht verändert zu haben. Er riegelt eine schwere Tür auf: „So, hier ist die Kühlkammer!" Ich schaue mich um und blicke auf lauter leere Regale. „Wo sind denn die Käseleiber?" Jetzt grinst er mich herausfordernd an, anscheinend ein Test, um zu sehen, ob ich nicht doch scherze. „Ich habe doch jetzt keinen Käse mehr. Die Saison ist zu Ende." Enttäuscht blicke ich mich um. Ein Reißer wird der Artikel wohl nicht mehr. Ich weiß nicht einmal, womit ich ihn fotografieren soll. Vielleicht mit den Eseln, fällt mir ein. „Die Esel gehören übrigens meinem Nachbar", sagt er da. Gut, auch erledigt.

„Kann ich Sie mal was fragen?", sagt der junge Mann plötzlich. „Sie sprechen doch deutsch? Ich habe zwei Briefe bekommen, die ich nicht verstehe." Er holt zwei Seiten mehrfach gefalteter Briefbögen. Ich schaue mir den ersten an. Dort steht:

„Lieber Herr G. Ich bin ein junger Bauer und so alt wie Sie und wohne im Kanton Obwalden. Ich habe den Artikel über Sie gelesen und finde ganz toll, was Sie machen. Ich produziere auch Käse. Vielleicht schreiben Sie mir ja mal. Ich würde mir gerne Ihren Hof angucken. Liebe Grüße, Ben"

Ich muss schmunzeln und gebe dem Bauern den Brief zurück. „Das ist Fanpost", erkläre ich. „Die ist ernst gemeint." Er runzelt die Stirn. „Und was will der?" „Ihren Hof anschauen und Briefe austauschen." Der Bauer schaut mich nachdenklich an, erwidert aber nichts. Dann gibt er mir den anderen Brief.

„Sehr geehrter Herr G. Mit Interesse habe ich im Magazin des Bergbauernverbandes gelesen, dass Sie frischen Ziegenkäse aus dem Leventinatal produzieren. Ich habe ein kleines Restaurant in Zürich und würde ihre Spezialität gerne unseren Gästen anbieten. Wie funktioniert bei Ihnen der Vertrieb? Mit freundlichen Grüßen."

Ich schaue wieder hoch und sage: „Das ist doch toll! Der möchte Käse für sein Restaurant haben." Jetzt grinst der Bauer breit: „Der nimmt mich doch auf den Arm, oder?" Ich schüttle den Kopf. „Nein, wieso denn? Die Leute in der Deutschschweiz mögen so typische Produkte aus dem Tessin." Jetzt prustet er los. „Und wie soll ich ihm den Käse schicken? Mit der Post oder was?" Er kriegt sich vor Lachen gar nicht mehr ein. Ich verzweifle langsam. Aber irgendwie rührt er mich auch. Ich suche gerade nach einer Antwort, als mein Handy in der Tasche piept. Ich werfe einen kurzen Blick drauf. Eine SMS von Matteo. „Hoffentlich bist du nicht mehr böse! Habe eine Überraschung für dich! Und nicht mit dem Bauern durchbrennen!" Ich muss lächeln. Und bin erleichtert. Schließlich will ich auch keinen ernsthaften Streit wegen seiner Mutter. Das ist halt das authentische Italien, nach dem ich mich immer gesehnt habe.

„Hören Sie das?", holt mich der Bauer aus meinen Gedanken. Ich schaue ihn verwirrt an und stecke das Handy weg. „Lassen Sie uns schnell rausgehen", sagt er, bevor er aus der Tür verschwindet. Er läuft über den Hof. Draußen höre ich das Brummen der Maschinen von der benachbarten Baustelle. Doch das kann er wohl kaum meinen. Plötzlich mischt sich leises Klingeln darunter. Glöckchen sind zu vernehmen, deren Klang zunehmend lauter wird. Ich schaue die felsige Bergwand hoch. Tatsächlich, schon fast am Fuß des Berges, auf einem steilen Pfad, entdecke ich eine Reihe von Ziegenköpfen. Eine ganze Herde kommt im eiligen Gänsemarsch den Berg herunter. Die ersten Tiere laufen uns schon über die Wiese entgegen. Der Bauer lacht und greift in einen Futtersack am Haus. „Komm, Sie wollten doch ein Foto machen." Dann klettert er auf große Felsblöcke in der Wiese, die vor Urzeiten mal vom Berg abgebrochen sein müssen. Die ersten Ziegen rasen begeistert auf ihn zu, gierig nach dem Futter in seiner Hand. Ich zerre den Fotoapparat aus meiner Tasche. Inzwischen sind auch die restlichen Ziegen bei ihm angekommen, die sich um das Fressen balgen. Er lacht glücklich mitten in der Herde und spricht mit den einzelnen Tieren, ganz versunken, als hätte er mich ganz vergessen. Schnell knipse ich ein paar Fotos. Keine Ahnung, was ich später über ihn schreiben soll. Aber die Bebilderung für „Junger Biobauer erhält Auszeichnung für regionalen Ziegenkäse“ wird preisverdächtig.

„Könnte ich mir eventuell in zwei Wochen am Donnerstag und Freitag frei nehmen?“ Ich stehe beim Chefredakteur im Büro. Leicht fällt mir die Anfrage nicht, schließlich bin ich neu und nur befristet bei der Zeitung. Andererseits hängt privat für mich viel von diesen Tagen ab. „Das sollte kein Problem sein. Willst du wegfahren?“ Ich grinse breit. „Ja, nach Udine und Venedig. Ich begleite meinen Freund, handgefertigte Stühle fürs Hotel abzuholen. Es ist eine einmalige Gelegenheit, weil wir das mit einer kleinen Besichtigungstour verbinden können. Ich war ja noch nie in Venedig." Im Flur pfeift jemand durch die Zähne. „Venedig! Toll! Ist das die angekündigte Überraschung deines Partners?“ Beata tritt mit Zetteln in der Hand in den Raum, um an der anschließenden Themensitzung teilzunehmen. „Ja, genau“, erkläre ich. „Der Freitag ist auch genau mein Geburtstag!“ „Na, dann ist doch alles gut bei euch. Hast du dich mit der Mutter wieder versöhnt?“ „Mit ihr gab es ja keinen Streit. Nur mit Matteo. Aber wir konnten das alles klären." „Hoffentlich habt ihr in Venedig besseres Wetter als wir jetzt hier", wirft eine andere Kollegin, Melanie, ein. Ich schaue aus dem Fenster in den prasselnden Regen. Seit gestern ergießen sich monsunartige Regengüsse über die Südschweiz. Auch ganz Norditalien soll von der Wetterlage betroffen sein. „Das wird schon nicht so lange anhalten. Und sonst erlebe ich Acqua Alta in Venedig aus nächster Nähe. Vielleicht müssen wir dann den Markusplatz auf Rampen überqueren. Das wäre spannend." „Für ein solches Erlebnis brauchst du nicht extra bis Venedig zu fahren", erklärt der Chefredakteur.

Er sollte recht behalten. Schon am nächsten Tag muss ich der Redaktion telefonisch mitteilen, dass ich später kommen werde – vorausgesetzt, ich finde überhaupt einen Weg nach Locarno. Meine übliche Strecke ist versperrt. Mit meinem Auto bin ich am Morgen im strömenden Regen nur bis zur Ortsausfahrt von Cannero gekommen. Dort stand schon das erste Hinweisschild, das auf eine Vollsperrung in Richtung Schweiz hinwies. Nur wenige Kilometer von Cannero entfernt ist in der Nacht ein Erdrutsch heruntergekommen. Tonnenweise liege Geröll auf der Fahrbahn, teilte mir ein Polizist am Straßenrand mit. Zurück im Ort läuft plötzlich Sandro an meinem Auto vorbei. Mit Schirm und dicken Bergwanderstiefeln ist er auf dem Weg in seine Bar. „Mist", sage ich zu ihm. „Ich hänge im Dorf fest!" Er nickt und seufzt. „Das kenne ich. Das tue ich schon seit über dreißig Jahren. Ich habe dich gewarnt." Ich muss lachen. „Bei mir liegt es aber am Erdrutsch. Und der ist erst seit heute Nacht ..." „Wenn es so regnet, passiert das immer. Jetzt kommst du nur noch mit dem Schiff in die Schweiz." Das war eigentlich nicht mein Plan, da ich ja mein Auto mit nach Locarno nehmen will. „Kann ich nicht mit der kleinen Autofähre in Verbania übersetzen und dann auf der gegenüberliegenden Seite den See entlangfahren?" Sandro schüttelt den Kopf. „Da geht auch nichts mehr, weder Auto noch Zug. Wenn es so regnet, gibt es überall kleine Erdrutsche."

Wenig später laufe ich mit meiner Tasche zum Anleger hinunter. Schon von weitem kann ich die Menschenmenge dort sehen. Einige bekannte Gesichter sind darunter. „Sie setzen extra ein Schiff für die Grenzgänger ein", informiert mich Antonio, der einen Termin in der Schweiz hat. Ich bin beeindruckt von der prompten Organisation, die ich den Italienern gar nicht zugetraut hätte. Da wurde schnell auf den Erdrutsch reagiert. Tatsächlich kommt kurz darauf die größte Fähre aus der Flotte der „Navigazione". Sie hat zwar schon, wie alle anderen Schiffe, ein paar Jahrzehnte auf dem Buckel und fährt ein Tempo, bei dem ich nebenherschwimmen könnte, aber sie bietet eine geöffnete Kaffeebar. Bei dem Wetter genau das Richtige.

Als wir zwanzig Minuten später in Cannobio anlegen, kenne ich im Detail alle beruflichen Probleme eines selbstständigen Bankkundenberaters im italienisch-schweizerischen Grenzgebiet. Wenn ich ihn richtig verstanden habe, machen eine Steueramnestie in Italien und stärkere Kontrollen an der Grenze den Bankenplatz Tessin weniger attraktiv für Italiener. Ihm würden auf diese Weise die Kunden weglaufen. Er überlege schon, ob er sich nicht vollständig seinem zweiten Ausbildungsberuf, Bäcker, widmen solle. Das verschaffe doch eigentlich viel mehr Befriedigung am Ende des Tages. Oder was ich darüber denke? Ich nicke etwas abwesend. Denn ich wundere mich gerade, dass alle Passagiere das Schiff verlassen. Eigentlich ging ich davon aus, auf diese bequeme Weise direkt bis Locarno zu gelangen. Aber offenbar ist der Transit über das Wasser bereits im benachbarten Cannobio – immer noch Italien – beendet. Ich laufe den Leuten quer durch den historischen Ortskern hinterher bis zur Hauptstraße. Dort sind ein paar Busse bereitgestellt. Immerhin. Mit denen geht es weiter über die italienische Grenze bis Brissago. Wieder aussteigen. Dann passiert nichts mehr. Offenbar funktioniert der eilig ins Leben gerufene Schiff-Bus-Ersatzverkehr nur auf italienischer Seite. Auf Schweizer Terrain sah wohl niemand einen Anlass, Zusatzbusse einzusetzen. Es ist fast Mittag, als ich endlich an meinem Schreibtisch sitze. Ich mache mir bereits Gedanken, wie ich abends zurückkommen soll. Wahrscheinlich gar nicht. Sinnvoller ist es sicher, die Nacht in meiner Wohnung in Locarno zu verbringen.

Fast schon wie ein Stammgast fühle ich mich, als ich abends in der City Bar mein Bier am Tresen bestelle. Vor der Tür traf ich Lorenzo wieder, der diesmal nicht alleine erschienen war. Er hatte seinen überdimensionierten Hund mitgebracht. Offenbar auch ein Stammgast in dem Laden. Inzwischen ist Lorenzo „weitergezogen", wie er angab, nicht aber ohne mich auf die Präsenz eines weiteren Kollegen aufmerksam zu machen. Es dauerte einen Moment, bis ich in einer Ecke der Kneipe, versteckt hinter einer Zeitung, Daniel hocken sah. Ein Bier und einen Kurzen vor sich, die blonden Haare etwas wirr, eine Zigarettenpackung in der Hand drehend, hockt er dort und sieht aus, als wäre er gerne woanders. An einem verregneten Novemberabend in Locarno nur schwer verwirklichbar.

„Na, auch noch ein Feierabendbier?" Nichts geht über einen originellen Gesprächseinstieg zum Eisbrechen. Er schaut auf, nicht wirklich überrascht mich zu sehen. „Und du, nicht in Italien?" Ich zucke mit den Schultern. „Ich komme nicht hin. Die Straße ist immer noch gesperrt." „Und wo pennst du jetzt?", fragt Daniel. „Ich habe eine

Wohnung hier. Ich nutze sie nur nicht so oft." „Verstehe!" Er dreht sich zur Bar. „Una birra!", ruft er dem Barista zu. „Willst du auch noch eins?", fragt er an mich gewandt. Ich nicke und zeige dem Barkeeper mein halbleeres Glas.

Eine Stunde später hat sich die Atmosphäre deutlich gelockert, sowohl bei Daniel als auch im ganzen Laden. Es fühlt sich urbaner an als im Laghetto – wo ich immer das Gefühl habe, im Gemeinschaftswohnzimmer des Dorfes zu hocken. Daniel ist aufgetaut und erzählt von seiner Familie. Über die Arbeit sprechen wir auch. Es verbindet, jemanden zu hören, dem es ähnlich geht. „Telefonieren auf Italienisch empfinde ich immer noch als Überwindung", gestehe ich. „Ja", stimmt Daniel mir zu. „Das ist schwieriger, als persönlich mit jemandem zu sprechen."Ich nicke. „Am Ende funktioniert es eigentlich immer gut. Gerade bei den Ämtern sind sie sehr kooperativ. Heute habe ich mit dem Umweltamt gesprochen. Das war sehr interessant." Daniel nimmt einen Schluck aus seinem Glas. „Stimmt, du hast über den Erdrutsch und das Wetter geschrieben. Ich habe die Seite gegengelesen." Ich nicke wieder. „Ja, das bot sich an. Gab im ganzen Tessin Probleme. Leider habe ich keine Antwort von dem Verantwortlichen für Naturgefahren erhalten. Der war wohl im Einsatz. Aber den Text konnte ich ja auch so schon schreiben." „Klar", sagt Daniel. „Du hattest deine Infos zusammen." Er dreht sich wieder um. „Auch noch eins?" Er zeigt auf sein leeres Bierglas. „Aber das letzte!", betone ich. Und lehne mich entspannt zurück.

Erwartungsgemäß ist es kein einfaches Erwachen am nächsten Morgen. Das letzte Bier war wie immer eines zu viel. Mir dröhnt der Kopf und mein Magen rebelliert. Nach einem schwarzen Tee, den ich zum Glück in meiner reduziert eingerichteten Küche finde, bessert sich die

Situation. Der Abend war lustig. Ich hätte gar nicht gedacht, dass ich mit Daniel so locker quatschen kann.

In der Redaktion steht wieder die morgendliche Sitzung auf dem Programm. „Du bist ja pünktlich. Wie hast du das denn gemacht?“, fragt mich der Chefredakteur. Erst glaube ich, er spricht von meinem Kneipenabend, dann fällt mir der Erdrutsch wieder ein. „Ich habe hier geschlafen. Erst heute Abend versuche ich wieder nach Cannero zu kommen.“ Die anderen nehmen Platz. Daniel schlurft mit etwas Verspätung um die Ecke und lässt sich schwerfällig auf den letzten freien Stuhl fallen. „So, was haben wir denn für die nächste Ausgabe?“, fängt der Chefredakteur an. „Der Streik in den Steinbrüchen, Zerschlagung eines Drogenschmugglerrings im Grenzgebiet. Schlechte Kastanienernte ...“ Daniel unterbricht ihn. „Wollen wir nicht einmal Blattkritik machen?“ Alle Anwesenden starren Daniel überrascht an. Ich sehe ein böses Funkeln in den Augen von Beata. „Das ist eine gute Idee“, reagiert der Chefredakteur. „Blattkritik haben wir schon lange nicht mehr gemacht. Das motiviert vielleicht. Jeder sagt mal etwas zur heutigen Ausgabe. Bitte schön ...“ Er blickt auffordernd in die Runde. Schweigen. „Nun, wenn niemand ...“, setzt der Chef wieder an, als Daniel sich in Position bringt. „Ich würde mich gerne äußern.“ „Nur zu!“ „Ich finde, dass mehr recherchiert werden muss. Ein Beispiel ist der Artikel über die Erdrutschgefahr. Vergeblich sucht man nach Angaben vom Verantwortlichen für Umweltgefahren. Das hätte eigentlich reingemusst.“ Mir verschlägt es die Sprache. Der Chefredakteur reibt sich das Kinn. „Gut, das stimmt durchaus.“ Ich kann fast nicht sprechen vor aufsteigender Wut: „Aber ich habe doch gestern schon erklärt, dass der nicht zu erreichen war. Dafür habe ich doch mit dem Umweltamt und der Feuerwehr gesprochen.“ Daniel reagiert: „Ich sage ja auch nicht, dass der Text ganz schlecht ist. Ich wollte nur darauf hinweisen, dass einige Aspekte fehlen." „Okay", antworte ich und lehne mich wieder zurück. Daniel streicht sich durch das Haar, sagt nichts mehr. Nach der Sitzung finde ich eine neue Nachricht in meiner E-Mail-Box vor. „Du bist jetzt sicher sauer auf mich. Aber ich fand es wichtig, das Thema heute in der Konferenz anzusprechen, damit auch die Kollegen etwas lernen können. Gruss D."

In den nachfolgenden Tagen regnet es weiterhin wie aus Kübeln. Die Straße zwischen Cannero und Cannobio bleibt gesperrt. Es drohen weitere Abbrüche. Erdrutschalarm besteht in der gesamten Region. Inzwischen habe ich mich an die regelmäßigen Schiffstouren gewöhnt. Meistens fahre ich nach der Arbeit nach Cannero, weil ich keine Lust habe, in Locarno in meiner kargen Wohnung zu sitzen. Die City Bar hat ihre Attraktivität verloren, seit ich fürchten muss, dort auf Daniel zu treffen. Mit dem habe ich seit seiner merkwürdigen Blattkritik nicht mehr gesprochen. Dafür hat Matteo tatsächlich einen Schritt in Richtung Unabhängigkeit gewagt: Er hat uns eine im Winter leer stehende Ferienwohnung im Hotelkomplex organisiert. Auf diese Weise halten wir uns gemeinsam nicht im Haus seiner Mutter auf. Dort geht er dafür zum Frühstück und zum Mittagessen hin, wenn ich bei der Arbeit bin. Für ihn ist es immer die Gelegenheit, mit der Familie über die Hotelbaustelle zu debattieren. Bis zum nächsten Frühjahr soll ein zusätzliches Gebäude in den Komplex eingegliedert werden. Ein umfangreiches Projekt. Das Wetter hilft nicht: An den Außenanlagen kann im Moment nicht gearbeitet werden.

In Gummistiefeln steht Matteo vorne am See und schaut besorgt auf das Wasser. Der Anlegesteg der Fähre ragt nur noch knapp aus dem Wasser, kleine Wellen spülen auf die Promenade. Der Pegel des Sees liegt weit über dem Niveau des Sommers. Diverses Schwemmgut bleibt am Ufer hängen. Ganze Baustämme treiben auf dem Wasser und gefährden die Schifffahrt. Das Holz wird von den Flüssen, vor allem der Maggia und dem Ticino, in den See gespült. „Wenn das nicht bald aufhört, wird es eng", erklärt er mir zum wiederholten Mal. Hinter ihm sehe ich Markierungen an den Gebäuden: Die Erinnerung an das letzte Rekordhochwasser. Der See war bis in die Untergeschosse der anliegenden Wohnhäuser und Restaurants gelaufen. Sein Hotel liegt zwar höher am Hang, dafür hat die Villa der Familie Seeanstoß.

In der Tat regnet es intensiv weiter. Sowohl auf italienischer als auch auf Schweizer Seeseite wird Hochwasseralarm ausgelöst. Die Gebäude in Cannero bleiben weitestgehend verschont. In Locarno dagegen sieht die Situation ernster aus. Auf dem Delta, im Gebiet des Jachthafens und des Freibads, sind einige Häuser trockenen Fußes nicht mehr zu erreichen. Die Zone ist jedes Mal als Erstes betroffen, wie ich in der Redaktion erfahre. Mit Fotoapparat und Gummistiefeln bin ich bis zum See gelaufen, um die Situation zu dokumentieren. Ich sehe, wie die Anwohner über improvisiert aufgebaute Stege in ihre Wohnungen klettern. Kleine Kinder, Hunde und Gepäck müssen auf dem Arm balanciert werden. Der Zivilschutz hilft mit Schlauchbooten. Eine Klinik, die sich in dem Viertel befindet, wird sicherheitshalber evakuiert. Aus den Kellern und Garagen läuft über große Schläuche das Wasser ab. Obwohl der See alle paar Jahre über die Ufer tritt, es sich also nicht um ein völlig überraschendes Ereignis handelt, sind diverse Sachschäden zu verzeichnen. In Zukunft will die Stadt besser vorbereitet sein, heißt es. Ein Thema, das sich medial wunderbar ausschlachten lässt. Die Zeitungsseite für die Region des Locarnese schreibt sich in diesen Tagen wie von allein.

Es ist die Woche meines Geburtstages. „Auf dem Markusplatz steht auch das Wasser", sagt mir der Chefredakteur in der Redaktion. Ich atme tief durch. „Darüber wollte ich mit dir noch sprechen", erkläre ich. „Kann ich meine beiden freien Tage noch verschieben? Wir fahren am Wochenende doch nicht zum Stühle holen. Mein Freund kann von der Baustelle nicht weg. Wegen der Probleme mit dem vielen Regenwasser." „Ach so", reagiert der Redaktionsleiter. „Na gut. Nächste Woche ist allerdings Beata im Urlaub, da wäre es nicht so passend. Wisst ihr schon, wann ihr fahrt?" Ich muss es verneinen. Genau genommen hängt die Planung völlig in der Luft. Nur durch Zufall, auf meine Nachfrage hin, erfuhr ich gestern von Matteo, dass die Tour zumindest für diese Woche gestrichen ist. Vorwurfsvoll fragte er mich, wie ich mir vorstelle, dass er bei den ganzen Problemen im Hotel wegfahren könne. Ich habe nichts mehr gesagt, schließlich sehe ich es ja ein. Dann fahren wir wohl Anfang Dezember. Mit der Weihnachtsstimmung könnte das natürlich besonders schön werden.

In der Mittagspause habe ich in Locarno erst einmal eine andere Aufgabe. Ich werde den Schlüssel für meine Wohnung zurückgeben. Insgesamt fünfmal habe ich bisher dort geschlafen. Oder es versucht. Meistens lag ich nachts wach und habe den Stimmen und Schritten auf dem Flur gelauscht. Es lohnt sich wirklich nicht, monatlich 400 Franken für das Zimmer auszugeben. Meine Koffer und eine Zimmerpflanze, die ich mir gegönnt habe, stehen längst in der Ferienwohnung in Cannero. Administrativ hat es im Moment auch keine Bewandtnis. Bisher bin ich über die Büroadresse gemeldet.

Ich bin überrascht, den Vermieter zur Schlüsselübergabe bereits in dem Zimmer vorzufinden. Hatte er nicht gesagt, nur ich würde noch über Schlüssel zur Wohnung verfügen? Er ist nicht allein gekommen. Ein Mann mit

Schnauzbart, ebenfalls geschätzt Mitte fünfzig, steht neben ihm. „Mein Bruder“, stellt er ihn vor. Dieser sitzt auf dem Hochstuhl an der Bar. Er schiebt mir einen Zettel hin. „Unterschreiben Sie noch bitte, dass Sie die Wohnung wieder abgeben.“ Das mache ich. Draußen läuft eine Person über den Flur. Verwundert blicke ich zur Tür, tagsüber herrscht ja sonst Grabesstille in dem Haus. Eine gestylte Südamerikanerin in Kunstlederleggings, hohen Stiefeln und Leopardenfellweste kommt an der Tür vorbei. „Ciao“, grüßt sie in den Raum. Sie kennt die Männer offenbar. Die zwinkern ihr zu. „Ich komme gleich nochmal vorbei“, sagt der Bruder meines Vermieters in gebrochenem Italienisch Richtung Tür. Ich nehme meine Jacke und verabschiede mich. Mein letzter Blick in das nun leere Zimmer fällt auf den Bartisch, die Barhocker und das Doppelbett. Ich muss mich zurückhalten, mir nicht mit der flachen Hand gegen die Stirn zu klatschen. Als wohlbehütetes Kind aus der Kleinstadt habe ich nicht erkannt, in was für ein Etablissement ich mich eingemietet hatte.

Dezember

Nach dem vielen Regen der vergangenen Wochen ist die Sonne zurückgekehrt und lässt vergessen, dass es auf Weihnachten zugeht. Die Temperaturen erreichen weiterhin zweistellige Werte. Wespen und Mücken haben ihre Saison verlängert. Die Kamelie auf der Terrasse vor der Ferienwohnung in Cannero macht sich bereit zur Blüte. Meines Wissens hat sie eigentlich erst im März Saison, doch ihr Rhythmus scheint ganz durcheinandergekommen zu sein. Einige Blumenexperten und Tourismusverantwortliche fürchten schon, dass im Frühjahr, wenn rund um den See die Kamelienausstellungen eröffnen, nur noch grünes Buschwerk zu sehen ist.

Heute Morgen ist es noch dunkel. Doch der klare Himmel verspricht einen weiteren schönen Tag. Ich mache mich bestens gelaunt mit einer Reisetasche auf den Weg von der Wohnung zu Matteos Hotel. Heute fahren wir tatsächlich los nach Udine an der slowenischen Grenze. In dem Ort, der rund fünf Autostunden entfernt liegt – über Mailand immer Richtung Osten –, stehen die handgeschnitzten Stühle für die neuen Hotelsuiten bereit. Auf dem Rückweg soll Venedig unser Ziel sein.

Matteo ist früh morgens schon vor mir zum Haus seiner Mutter gelaufen, um wie gewohnt mit ihr einen Kaffee zu trinken. Am Hotel umrunde ich die Baustellenfahrzeuge diverser lokaler Handwerksbetriebe aus der Umgebung. Hier wird in den kommenden Stunden wieder Hochbetrieb herrschen. Die Gerätschaften entsprechen nicht immer dem modernsten Standard, wie selbst ich als Laie erkenne. Doch die Arbeit, die die Leute am Hotel machen, zumindest vom ästhetischen Aspekt her, kann sich sehen lassen. Matteo kommt mir entgegen. „Gut, dann können wir ja los. Wir sollten vor der Rushhour die Tangenziali, die Ringautobahnen, um Mailand passieren, sonst stehen wir im Stau." Ich schaue mich suchend nach dem Transporter um, den Matteo gemietet hat. „Steht der LKW vor eurem Wohnhaus?", frage ich. Währenddessen ruckelt Matteo an der Tür eines der Baustellenfahrzeuge. Mit Gewalt gelingt es ihm, die klemmende Tür zu öffnen. „So, bitte schön. Deine Tasche kannst du hinter den Sitz schieben. Pass auf, der Boden ist ein bisschen schmutzig." Mit offenem Mund stehe ich vor dem Laster. Das ist nicht sein Ernst. Das antike Fahrzeug mit der offenen Ladefläche scheint sonst für die Beförderung von Bauschutt, bestenfalls für grobes Baumaterial verwendet zu werden. Der Aufschrift nach gehört es einer „Impresa Costruzioni" aus Cannobio. Die Strecke aus dem Nachbardorf hierher sollte meiner Meinung nach auch die weiteste Distanz bleiben, die dieses Gefährt überhaupt zurücklegt. „Damit können wir doch nicht auf die Autobahn", sage ich entsetzt. „Ist das überhaupt für den richtigen Verkehr zugelassen?" „Natürlich. Jetzt setz dich rein. Schneller als achtzig können wir nicht fahren." Ich hieve mich auf den Beifahrerplatz. Nach einem Gurt suche ich vergeblich. „Wirklich Matteo, damit können wir doch nicht fahren. Ich kann mich nicht mal anschnallen." „Wir fahren doch nur achtzig, da macht das nichts." Ich stecke im Zwiespalt. Alles in mir schreit: Steig aus. Aber noch vor fünf Minuten sah ich mich abends in einer Trattoria an einem venezianischen Kanal sitzen, mit Kerzenschein weit weg von Mamma und dem Dorf – und das möchte ich ungern verpassen. Vielleicht sollte ich mal meine deutsche Besorgtheit beiseiteschieben, denke ich. Matteo dreht den Zündschlüssel. Beim dritten Versuch gelingt es ihm, den Motor anzulassen.

Als wir bei strahlender Sonne durchs Veneto fahren und uns Udine nähern, ist meine Laune aber wieder auf dem obersten Level. Die Tour ist ein Abenteuer für mich, die Gegend kenne ich nicht. Der kleine Holzbetrieb liegt fast direkt an der slowenischen Grenze. Kurz nach dem Mittag fahren wir vor. Tatsächlich werden wir auch erwartet. Der Chef weist uns an, mit dem LKW zur Lagerhalle zu kommen. Als ich die Gesichter der Mitarbeiter sehe, während sie Matteos Transporter erblicken, weiß ich, dass meine Skepsis doch nicht nur auf deutscher Spießigkeit basiert. Offenbar haben italienische Schreiner durchaus dieselben Ansprüche an Sicherheit und Komfort wie ich. Es gibt auch ein weiteres Problem: Hinter dem Chef der Firma stehen zwanzig sehr große Kartons. Jeder Stuhl ist einzeln liebevoll eingepackt. Vor ihnen steht der Bauschutt-Transporter mit kleiner offener Ladefläche. Selbst ein Zweijähriger erkennt: Das passt nicht! Als Kuriosität hätte wahrscheinlich alleine schon gereicht, dass der Hoteldirektor persönlich die Stühle abholt.

Der Unterschied zwischen Deutschland und Italien eröffnet sich mir bei dem, was anschließend passiert. Statt nur einen Teil der Stühle zu verladen, lassen sich die Mitarbeiter von Matteos Ehrgeiz packen, die Bestellung vollständig auf den Laster zu bekommen. Turmhoch werden die Kisten auf der Ladefläche verpackt. Die Stabilisierung erfolgt mit Plastikfolie und sehr viel Klebeband. Als absolut keine Kiste mehr passen will, werden die letzten beiden Stuhlpakete oben auf das Fahrerhäuschen gebunden. Das Werk ist vollendet. Um das Bild komplett zu machen, fehlen jetzt eigentlich nur noch zwei Ziegen, drei Hühner und ein Olivenbaum. Aber auch so sind wir auf der Autobahn zurück die Attraktion für alle anderen Autofahrer. Es wird Spätnachmittag, bis wir mit unserem Gefährt und den nun durchschnittlich 65 Stundenkilometern die Autobahn verlassen und am Lido di Jesolo vorbeifahren. Auf der Halbinsel, die mit Schiffslinien mit Venedig verbunden ist, will Matteo nach einem bewachten Parkplatz suchen.

Ganz in der Nähe des Anlegers gibt es tatsächlich einen großen Autostellplatz. Matteo schaut skeptisch. „Ich weiß nicht. Kann ich es wirklich wagen, die Ladung hier stehen zu lassen?“ Ich werde ungeduldig. „Doch, doch, er ist doch bewacht. Und du kannst den Laster in die überdachte Garage stellen.“ Ich greife meine Reisetasche. „Wo genau müssen wir denn jetzt hin, um das Hotel zu finden? Gibt es eine direkte Schiffslinie?“ Matteo starrt immer noch nachdenklich auf seine Fracht. Dann dreht er sich plötzlich zu mir und meint: „Nein, nein, ein Hotel können wir dort nicht nehmen. Wir suchen nachher eines hier mit Parkplatz.“ Leicht vorwurfsvoll fügt er hinzu: „Es wäre doch unverantwortlich, die Stühle die ganze Nacht allein zu lassen. Die sind wertvoll!“ Ich lasse genervt meine Tasche fallen. „Vielleicht hättest du dann einfach einen geschlossenen Transporter mieten sollen. Das ist doch absurd so.“ „Ja, eben. Deswegen lasse ich den Laster nur für ein paar Stunden hier. Morgen müssen wir eh ganz früh zurück.“ Ungläubig schaue ich ihn an. „Ich denke, wir bleiben bis Sonntag?“ „Das geht nicht. Es könnte Regen geben!“

Eine halbe Stunde später sitzen wir auf der Fähre, die uns zur Piazza San Marco bringt. Ich versuche auf dem Schiff meine Wut herunterzuschlucken und schaue aus dem Fenster der Postkarten-Silhouette entgegen. Es wird langsam dunkel, was den Anblick nicht weniger atemberaubend macht. Matteo hat währenddessen seine Nase in einen Prospekt gesteckt. Mit einem Stift zeichnet er drin herum. „Schau mal“, sagt er zu mir. „Siehst du diese wunderschöne Freitreppe dieses Palazzo in Venedig?“ „Ja?“, frage ich. „Wollen wir uns die ansehen?“ „Nein, schau mal, wie sie die Leisten der Stufen bearbeitet haben. Genauso will ich das am Hotel machen." Er macht sich eine Notiz. Als wir später an der Piazza San Marco anlegen, hat er nicht ein einziges Mal aus dem Fenster geschaut.

Als ich abends im Hotel liege, das wir unweit des Parkhauses gefunden haben, bin ich leicht hungrig. Ein Hamburger mit Pommes war mein hart erkämpftes Abendbrot. Matteo aß nur ein Panino, ein belegtes Brötchen. Mehr brauche er nicht, erklärte er. Stattdessen wollte er nach zwei Stunden zum Schiff zurück. Ich habe verzweifelt nach rechts und links geschaut, um Eindrücke von Venedig einzusammeln. Selbst die unzähligen asiatischen Reisegruppen wirkten entspannter als wir. Ich bin enttäuscht und nehme mir vor, beim Frühstück noch einmal in Ruhe mit Matteo zu reden. Vielleicht können wir ja doch noch verlängern. Beim Frühstück allerdings haben wir Gesellschaft durch die Betreiberin des kleinen Familienhotels. „Sechs Zimmer haben Sie?", fragt Matteo nach. „Ja, jedes anders eingerichtet", sagt die Sechzigjährige stolz. Matteo nickt anerkennend. Ich könnte in die Tischkante beißen, ahne ich doch, was jetzt kommt. „Ich habe auch ein Hotel. Mit meiner Mutter. Am Lago Maggiore." Die Frau guckt überrascht. „Ach, wie nett. Dann sind Sie aus derselben Branche. Wie viele Zimmer haben Sie?" „Achtzig", antwortet Matteo betont bescheiden, während der Gastwirtin die Kinnlade herunterfällt. „Die vier Hochzeitssuiten nicht mitgerechnet." Als wir später mit unserem Laster vom Hof fahren, winkt uns die Signora noch lange hinterher. „Mit einem besonderen Gruß an die Frau Mamma!", höre ich sie noch rufen.

„Ich kann nicht. Ich habe ein Interview mit einem Biobauern, der sich um die Zucht alter Ziegenrassen kümmert." Der Kollege schüttelt bedauernd den Kopf. Es ist Montag, die ganze Redaktion sitzt um den großen Glastisch herum. Beata: „Bei mir passt es auch nicht. Ich besuche eine Künstlerin, die das Bernsteinzimmer aus Seife schnitzen will!" „Im Ernst?" „Ja!" „Und was hat das bitte mit dem Tessin zu tun?" „Sie wohnt im Tessin." „Na gut. Daniel, was ist mit dir?" „Oh, ich recherchiere an einer Analyse zur Zukunftsperspektive des Bankenplatzes Lugano. Da brauche ich Zeit." „Gut!" Der Chefredakteur wendet sich an mich. „Dann fährst du zur Bilanzpressekonferenz der Stadt Lugano. Ist das okay?" „Klar!" „Du könntest als Aspekt den kommunalen Finanzausgleich einbauen." „Mache ich!" „Der Gemeindepräsident wird sicher etwas dazu sagen." „Ist das der Bürgermeister?" „Ja, aber den Begriff verwenden wir in der Schweiz nicht." „Okay, gut!" Ich will aufstehen, die Pressekonferenz ist für elf Uhr angesetzt. Ich brauche sicher etwas Zeit, mich in Lugano zurechtzufinden. Es ist das erste Mal, dass ich mit dem Auto bis ins Zentrum fahre. „Warte einmal. Einer müsste auch noch die Krippenausstellung im Gambarogno übernehmen. Für eine Extraseite kommende Woche. Willst du das auch machen?" Es wird ja immer besser. „Ja, gut." „Und ich wollte noch etwas mit dir besprechen." „Ja?" Meine Laune hängt auf dem Nullpunkt fest und ich bin müde. Dieser wunderbare Ausflug ins Veneto liegt mir immer noch in den Knochen. „Würdest du dein Praktikum eventuell bis Ende März verlängern? Bezahlt natürlich. Die Kollegin ist ja immer noch im Mutterschutz. Über Weihnachten könntest du aber nach Hause fahren." Ich werde schlagartig wach. „Oh, das klingt ja interessant." Die Tatsache, dass in Kürze mein Praktikum zu Ende geht, bereitete mir nämlich schon Bauchschmerzen. Was soll ich dann tun? Für immer abreisen? Und was wird aus meiner Beziehung zu Matteo? Hier bleiben? Aber was mache ich dann beruflich?

Wieder im Gatto anheuern fürs Frühjahr? „Toll. Ich bleibe gerne noch bis März."

Als ich in Lugano ankomme, setzt Regen ein. Einzelne Schneeflocken sind dabei und klatschen nass auf die Windschutzscheibe. Auf der Südalpenseite ist grau und nieselig der Winter eingezogen. Ich bin gespannt auf Lugano, die größte Stadt des Kantons und drittgrößter Finanzplatz der Schweiz. Ich war zwar schon einmal bei einem Termin in der Umgebung, als ein Hotel neu eröffnete. Aber bis ins Stadtzentrum bin ich nicht gelangt. Es soll ja urbaner sein als Locarno. Es müsste mir gefallen.

Als ich im Schritttempo langsam in die Stadt hineinfahre, werde ich skeptisch. Überall blicke ich auf diese typischen Apartmenthäuser aus Beton, die die Tessiner Architekten offenbar so lieben. Locarno gefiel mir bei meiner Anreise spontan wegen der alten Villen und der Altbauwohnungen in Seenähe. Allerdings ist von dieser historischen Bausubstanz in den letzten Monaten auch schon ein Teil dem Bauwahn zum Opfer gefallen. Ich hoffe, dass es sich nicht um einen neuen Trend in Locarno handelt. Im Stop-and-Go-Verkehr arbeite ich mich bis ins Stadtzentrum von Lugano vor und finde in einem „Autosilo" einen Parkplatz. Als ich nach ein paar Schritten im Centro storico ankomme, bin ich positiv überrascht. In den Gassen der Altstadt wirkt Lugano wie eine hübsche italienische Stadt. Die Straßen sind weihnachtlich geschmückt, viele Leute eilen durch die Geschäfte. Die Mischung der Passanten unterscheidet sich von jenen aus Locarno. Es scheinen mehr Geschäftsleute unterwegs zu sein, was ich aus der Businesskleidung schließe. Ältere Damen tragen hier vornehmlich Pelz. Das habe ich auch schon in Italien beobachtet. Das Tragen seltener Tierfelle scheint gesellschaftlich noch nicht so verpönt zu sein wie in Deutschland. Als ich die Piazza Riforma erreiche, den Hauptplatz, sehe ich auch schon das Municipio, das Gemeindehaus von Lugano. Da ich bis zur Pressekonferenz noch etwas Zeit habe, laufe ich ein paar Schritte weiter über die Straße bis an die Seepromenade. Trotz des grauen Wetters beeindruckt mich das Landschaftsbild – und das, was der Mensch daraus gemacht hat. Gegenüber liegt ein kleines Dörfchen am Hang mit einem futuristischen, überdimensionierten Gebäude in der Mitte. Das muss die italienische Enklave Campione d'Italia mit ihrem Spielcasino sein. Ganz dort in der Nähe überquert die Autobahn auf einem Damm den Luganersee und schneidet das verzweigte Seebecken in zwei Teile. Rechts blicke ich auf das wolkenverhangene Wahrzeichen von Lugano, den Monte San Salvatore, der die Region ein wenig an Rio de Janeiro erinnern lässt. Eine große Mobilfunkantenne ersetzt das Gipfelkreuz.

Im Municipio stelle ich als Erstes fest, dass Finanzthemen im Tessin offenbar nichts für Frauen sind. Außer mir sind nur Männer erschienen, sowohl von den Printmedien als auch von lokalen Fernseh- und Radiosendern. Der Stadtpräsident schüttelt erst einmal allen Anwesenden die Hand. Anschließend geht es an die Zahlen. Ich blättere in meinem etwa hundert Seiten starken Manuskript und versuche, dem Power Point Vortrag über Ausgaben und Einnahmen zu folgen. Die Veranstaltung „ein wenig trocken" zu nennen, wäre stark untertrieben. Erst als der Stadtpräsident etwas zu geplanten Bauprojekten sagt, wird es interessant. Ein Kulturzentrum ist konkret in der Planung. Weiter ist die Rede von einem Kongresszentrum, einem Messegelände, einem Stadttunnel, der Auflebung einer alten Straßenbahnlinie und dem Ausbau eines kleinen Flughafens. Die Kostendimensionen beeindrucken mich. In anderen Orten dieser Größe – Lugano hat zwischen 50 000 und 60 000 Einwohner, je nach Phase der Eingemeindungen – wird lange über die notwendige Reparatur eines Turnhallendachs diskutiert. Hier werden für die einzelnen Bauvorhaben mehrstellige Millionenbeträge angesetzt – und die Unterschiede lassen sich nicht mit dem Umrechnungskurs erklären. Von meinem piepsenden Handy werde ich abgelenkt. Eine SMS von Nicole aus Deutschland. „Rate, wer sich gemeldet hat!", steht dort. Ich schaue rechts und links auf die anderen Journalisten und stelle fest, dass die zum großen Teil auch mit ihren Telefonen beschäftig sind. Also schreibe ich zurück. „Keine Ahnung. Mino?" Ich muss vor mich hin lachen. Es dauert nicht lange, bis ich Antwort bekomme. „Nein. Nikolaos, der Grieche. Das gibt es nicht, oder?" In der Tat bin ich überrascht. Auf den wäre ich nicht gekommen. Die beiden Männer, die nach ihrer Geschäftsreise nicht mehr aufgetaucht sind, habe ich längst vergessen „Ach, und was wollte er?" Wieder piept es. „Mich in Berlin treffen, weil er einen Termin in der Nähe hat. Ich bin so aufgeregt." „Viel Spaß. Schreib mir, sobald etwas Spannendes passiert!"

Als ich nach der Pressekonferenz das Municipio verlasse, schneit es stärker. Der Schnee bleibt aber nicht liegen. Die Verhältnisse ändern sich, als ich am Ceneri ankomme, dem Berg, der den Kanton in Sopraceneri und Sottoceneri aufteilt. In Rivera auf etwa 500 Höhenmetern verlasse ich die Autobahn und biege auf die Kantonsstraße ein, die in großen Kurven und mit beeindruckendem Panorama steil bis in die Magadinoebene hinunterführt. Den Anblick, der sich mir bietet, habe ich nicht erwartet. Langsam fahre ich über eine geschlossene Schneedecke an unzähligen Autos und Kleintransporter vorbei, die auf der Seite stehen. Meinem Auto macht der Schnee nichts aus, was aber keine Selbstverständlichkeit zu sein scheint. Im Schritttempo geht es bergab. In jeder scharfen Kurve steht mindestens ein Auto, das wegen durchdrehender Räder nicht weiterkommt. Jemand winkt mir verzweifelt von der Seite zu. Ich halte an. „Ja?“ Das schief stehende Auto des Mannes hat ein italienisches Kennzeichen. „Mit meinem Wagen komme ich nicht weiter. Kann ich mit zur nächsten Tankstelle fahren?“ „Ja, sicher!“ Sofort sitzt der Mann auf dem Beifahrersitz und reibt die klammen Hände aneinander. Seine eleganten braunen Lederschuhe sind völlig durchnässt. „Ich muss mir Schneeketten kaufen“, sagt er. Dann schaut er mir fasziniert beim Lenken zu. „Wie machen Sie das? Mein Auto rutscht einfach weg. Haben Sie irgendwie spezielle Reifen?“ Ich zucke die Schultern. „Nicht, dass ich wüsste. Ganz normale Winterreifen halt. Sie sind recht neu.“ Die Pneus waren netterweise beim Kauf des Autos inbegriffen. „Ach, Winterreifen? Extra Reifen für den Winter also? Toll!“ Ich schaue ihn belustigt von der Seite an. „Kennen Sie das nicht?“ „Nein. Ich bin sonst aber auch nicht in der Schweiz. Ahnt ja keiner, dass hier so ein Wetter ist.“ Ja, und dass es Berge gibt, denke ich im Stillen. Das Schneetreiben wird stärker. Ich bin erleichtert, als wir uns dem Talboden nähern und der Schnee auf der Straße sich in Wasser auflöst. An einer Tankstelle lasse ich den Mann aussteigen. „Würden Sie mich mit den Schneeketten auch zurück zum Auto bringen?“, fragt er. Ich schaue ihn entsetzt an. „Tut mir leid, aber jetzt noch einmal da hoch zu fahren, traue ich mich auch nicht.“ „Kein Problem“, sagt er. „Ich frage jemanden aus dem Gegenverkehr.“ „Viel Glück“, sage ich. Dann fahre ich weiter. Eine Stunde später lese ich in der Redaktion den Verkehrshinweis, dass die Kantonsstraße komplett gesperrt ist. Am späten Nachmittag ist auch die Autobahn zu. Als ich am Abend im Schneeregen nach Cannero fahre, höre ich einen fröhlichen Radiomoderator, der informiert, dass auch die Zugstrecke über den Ceneri blockiert ist. „Wenn Sie heute noch vom Sopra- ins Sottoceneri müssen, oder umgekehrt, dann vergessen Sie es! Da geht nichts mehr“, lacht er. Mutig, denke ich. Die Leute, die es betrifft, die jetzt Feierabend haben, lachen wahrscheinlich nicht ganz so laut.

Am Samstag in Cannero schließe ich mittags mein Auto auf, als Matteo auf den Parkplatz kommt. Er ging schon früh am Morgen zur Hotelbaustelle, natürlich nicht ohne vorher bei seiner Mutter zu frühstücken. Er winkt mir von weitem zu und hat ganz offensichtlich gute Laune. „Es läuft gut mit dem Schwimmbad“, sagt er fröhlich und wirkt sichtlich erleichtert. „Das Wetter sollte nächste Woche besser sein, dann können bis Weihnachten alle Arbeiten abgeschlossen werden. Gleich kommt der Architekt für die letzten Änderungen.“ Er nimmt mich kurz in den Arm. „Die Stühle sehen übrigens ganz toll in den renovierten Zimmern aus. Das musst du dir später unbedingt ansehen.“ Er schaut prüfend auf mein Auto. „Und du willst heute am Wochenende wirklich zur Arbeit fahren?“ „Arbeiten kann man das ja nicht nennen. Aber ich muss mir die Krippenausstellung ansehen, damit ich am Montag die Fotoreportage schreiben kann. Eine ganze Seite. Was soll man denn über Krippen bloß schreiben?“

Eigentlich wollte ich schon am Donnerstagnachmittag nach Vira fahren. Der Ort gehört zur Region Gambarogno auf der Südseite des Lago Maggiore, im Schweizer Becken, und hat im Winter keine Sonne. Das macht die Gegend für mich unattraktiv, weshalb ich auch noch nie dort war. Mir reicht es, dass ich aus der Ferne dort hinblicken kann. Die Örtchen im Gambarogno sollen jedoch sehr hübsch sein, heißt es, mit authentischem Charme. Am Donnerstag fragte mich aber meine Kollegin, ob wir nach der Arbeit über den Weihnachtsmarkt in Locarno laufen wollen. Ich hatte vorgeschlagen, es um ein oder zwei Tage zu verschieben, doch damit bewies ich nur meine Unkenntnis der lokalen Verhältnisse: Der beliebte Weihnachtsmarkt in Locarno dauert genau einen Tag. Dann wird er wieder abgebaut. Da konnte ich natürlich nicht Nein sagen, denn auf meinen Glühwein wollte ich ungern verzichten. Allerdings mussten wir an den unzähligen Ständen in der stark besuchten Altstadt, die eher an eine Mischung aus Flohmarkt und Stadtfest als an Weihnachtsmarkt erinnerten, sehr lange suchen, bis wir „Vin brulé" fanden. Die Tatsache, dass es dafür nicht einmal eine italienische Bezeichnung gibt, hätte mich misstrauisch werden lassen müssen. Das süffige Getränk wurde an einem Stand eines lokalen Sportvereines ausgegeben und stieg ohne Umwege in den Kopf. Ich unterhielt mich anschließend ausgiebig mit einem Herrn mit Brille und Tessiner Dialekt, der mich offenbar kannte, den ich aber nicht einordnen konnte und von dem meine Kollegin sicher war, dass sie ihn noch nie gesehen hat. Zumindest weiß ich jetzt, dass Wein abzukochen und ihn mit Gewürzen zu versetzen, eher nicht im Blut der Tessiner liegt. Vielleicht sind die edlen Tropfen der Region dafür auch einfach zu kostbar. Jedenfalls muss ich heute meinen Besuch in Vira nachholen.

„Und wo willst du hin?", frage ich Matteo, der sein Auto ansteuert. „Wie war eigentlich die Gemeinderatssitzung gestern?", fällt mir noch ein. „Hat ja lange gedauert. Ging es wieder um die Ausschilderung?" „Nein, gestern wurde diskutiert, wie wir in Zukunft neue Erdrutsche auf der Uferstraße verhindern können. Die schaden ja dem Tourismus." „Ach, und wie werden sie verhindert?" Ich wittere ein Thema für die Zeitung. „Das ist noch nicht klar. Wir greifen das Thema in der nächsten Sitzung wieder auf." „Verstehe. Und wo willst du jetzt hin?" „Nirgends. Nur das Auto holen. Für meine Mutter." Mir fällt fast der Schlüssel aus der Hand. „Für deine Mutter?" „Ja. Die muss zum Einkaufen. Nach Locarno." „Alleine? Oder fährst du mit?" „Nein, ich habe keine Zeit. Gleich kommt doch der Architekt. Sie fährt alleine." „Was? Das kann die doch nicht." „Wieso? Sie hat einen Führerschein." „Ja, aber sie fährt doch nie. Sie bewegt sich doch überhaupt nirgendswo hin. Und dann bis in die Schweiz. Was will sie denn dort?" „Sie muss Weihnachtsschokolade kaufen für Gäste in den Ferienwohnungen. Das macht sie jedes Jahr. Okay, letztes Mal fuhr ich mit. Sie ist ein bisschen ängstlich, das stimmt." „Kann nicht dein Neffe sie begleiten?" „Doch, doch. Das macht der." „Dann ist doch gut. Dann kann der doch fahren." „Der ist doch erst drei." „Ich meine doch den anderen." „Nein, der hat auch keine Zeit. Der geht heute zum Empfang der Achtzehnjährigen im Municipio." Ich zucke mit den Schultern. Mir soll es egal sein. „Dann muss sie da wohl durch!", sage ich und steige in mein Auto.

Eine Stunde später fahren wir im Schritttempo auf den Grenzposten zu. Hinter mir nimmt das Konzert aus Autohupen beständig zu. Im Rückspiegel sehe ich den Fahrer eines Porsche genervt mit den Armen rudern. Ich zucke mit den Schultern und schaue wieder angestrengt nach vorne. Im Zeitlupentempo geht die Fensterscheibe herunter. Der Grenzbeamte schaut prüfend herein. Das Auto steht. Ich werde auf dem Beifahrersitz immer kleiner. „Buongiorno Signore!", sagt Mamma auf dem Fahrersitz mit großer Gestik. „Sag du auch Buongiorno", dreht sie sich nach hinten um. „Man muss immer grüßen!" „Buongiorno", kommt eine Kinderfiepsstimme vom Rücksitz. Sie schaut den Grenzbeamten wieder an. „Signore, wir haben nichts zu verzollen." Der Zöllner schaut sie prüfend an. Sein Blick wandert kurz zu mir und zu dem Kind – dann macht er mit dem Kopf eine kurze Geste, dass wir weiterfahren sollen. Matteos Mutter dreht ihren Kopf nach unten und schaut konzentriert auf ihre Füße, bevor sie auf den Pedalen herumtritt und dabei mehrfach die Gangschaltung verstellt. Es knirscht laut im Getriebe. Ruckelnd fahren wir los, die dreißig Stundenkilometer nicht überschreitend. „Soll ich nicht doch mal das Steuer übernehmen?", frage ich. „Wieso? Vielleicht auf dem Rückweg im Dunkeln. Da sehe ich nämlich nichts." Im großen Kreisel von Locarno sorgen wir vorübergehend für komplette Straßenblockierung, weil Mamma sich nicht zwischen den beiden Fahrspuren entscheiden kann. Ich bin schon froh, dass sie nicht ihrem Blinkzeichen folgte und entgegen der Fahrtrichtung abbog. „Ins Stadtzentrum geht es aber nach dort", sage ich. „Ja, aber du willst doch zur Krippenausstellung. Nicht wahr, Ernestino? Presepi! Die gucken wir uns jetzt an. Die Schokolade holen wir danach."

Hätten wir noch einen Esel und drei Könige dabei, würden wir sicher den Preis für die schönste Heiligendarstellung bekommen. Authentischer, reiner und glücklicher wirkt keine andere Kleinfamilie, die uns begegnet. Zumindest bekomme ich diesen Eindruck, nachdem ich auf dem Weg in den Ort von jedem Passanten angelächelt werde. Meine Hoffnung, dass wir uns aufteilen können, zerschlug sich in dem Moment, als der kleine Ernesto meine Hand und die seiner Oma ergriff und uns begeistert in die kleinen Gassen zog. Die Krippenausstellung überrascht mich dann tatsächlich. Anders, als von mir erwartet, handelt es sich nicht um ein paar Puppenhäuschen in der Dorfkirche, sondern um biblische Szenerien im gesamten Dorfkern, in allen Größen und Farben, mal modern, mal historisch. So entdecken wir beispielsweise lebensgroße, aber abstrakte Figuren unten am See, dafür wiederum märchenhaft verwunschene Krippen in den kleinen Erkern und Winkeln des Dörfchens, die nur zu Fuß zu erreichen sind. Es ist ein besonderes Erlebnis. Ich rechnete auch nicht damit, einen so hübschen Ort vorzufinden. Die lange Schattensaison im Gambarogno hat die Zone vielleicht wirklich vor Bauspekulanten und Touristenströmen bewahrt. Den Tessinern scheint die fehlende Sonne nichts auszumachen. Sie kuscheln sich gemütlich in ihre Wohnungen, Bars und Lokale ein und schauen neidlos auf den sonnenverwöhnten und komplett mit Zweitwohnungen verbauten Hang gegenüber.

Mamma hat auf der gesamten Fahrt noch keine einzige spitze Bemerkung gemacht. Im Gegenteil. Gemeinsam bewundern wir die Krippen, die teils von Schulklassen, teils von namhaften Künstlern gebastelt wurden. Ernestino bekommt noch eine heiße Schokolade in einer Bar an der Straße. Dann fahren wir zurück nach Locarno. Mit den Worten „Oh, es wird schon dunkel", springe ich ans Steuer. Wir kaufen noch kistenweise Weihnachtsmänner, mit denen sich Ernesto auf dem Rücksitzpolster gleich einschmiert. Zum Glück ist es nicht mein Wagen. Mamma ist es auch egal, denn wenn sie auf der einen Seite jeden Fremden wegbeißt, der ihre Familie unterwandern will, legt sie gegenüber den Kindern und Enkelkindern unendliche Geduld und Liebreiz an den Tag. Ich sehe sie heute von einer ganz anderen Seite.

Erst spät kommen wir in Cannero wieder an. Wir verabschieden uns freundlich. „Buone feste", wünsche ich. Ich fahre nämlich in den kommenden Tagen, wenn meine Krippenausstellungs-Seite fertiggestellt ist, nach Deutschland. Ich bin schon ganz aufgeregt, wie es wird, meine alte Heimat wiederzusehen – und nur auf Besuch dort zu sein. „Bis zum Januar“, sage ich noch versöhnlich zu Mamma. Sie schaut mich daraufhin fast ein wenig wehmütig an und sagt dann: „So wenn Gott will!“ Ich ahne plötzlich, dass wir uns gerade zum letzten Mal sehen.

Januar

Stündlich probiere ich nun schon, Matteo zu erreichen. Sein Handy ist offenbar ausgeschaltet. Auf SMS hat er auch nicht geantwortet. Ein paar Stunden ist zwar noch Zeit. Aber am Abend müsste er mich in Locarno vom Zug abholen. Mein Auto steht immer noch in Cannero. Dass es abends noch eine internationale Busverbindung gibt, bezweifle ich stark. Außerdem ist es ja auch viel schöner, am Bahnhof erwartet zu werden.

Über eine Woche war ich jetzt in Deutschland, habe Weihnachten bei meinen Eltern verbracht und Silvester bei Freunden in der Unistadt. Es war ein komisches Gefühl, nur zu Besuch zu sein. Innerlich hing ich zwischen den Stühlen. An mein altes Leben nahtlos anknüpfen für ein paar Tage, so wie ich es mir vorgestellt habe, ging nicht so einfach. Zum einen blickte ich ständig auf das Handy, um zu sehen, ob Matteo sich meldet. Zum anderen war auch bei meinen Freunden das Leben weitergegangen. Es gab Themen und Menschen, bei denen ich nicht mitreden konnte. Silvester war ich mit meinen Gedanken schon auf dem Rückweg durch die Berge an den See.

Der Zug kurvt die Serpentinen entlang. Ein Freizeichen, ein Glück. „Pronto?" Matteo ist endlich dran. „Hallo", sage ich. „Na, endlich. War ganz schön schwer, dich zu erreichen. Also, ich komme um 19.07 Uhr in Locarno an. Holst du mich ab? Wir könnten dann ja noch etwas essen?" Pause auf der anderen Seite. Dann kommt verzögert: „Hm ..., ich hoffe, ich schaffe das zeitlich." „Hast du denn Termine heute? Es ist doch Neujahr!" „Nein, nein. Ich bin im Bus." Im Bus? Matteo? Der in seiner Freizeit seinen Oldtimer-

Ferrari poliert, sein Motorrad frisiert, zur Entspannung überflüssige Besorgungen mit dem Hotellieferwagen macht und als Hotelchef selbst mit einem ausgedienten Transporter Stühle aus Udine holt. „Was denn für ein Bus?" „Ach, so ein Reisebus mit einer Skigruppe." Ich habe nicht die leiseste Idee, wovon er spricht. „Du machst eine Skitour?" Liegt überhaupt genug Schnee dort in der Gegend? „Ja, ja, ich habe mich für heute so einer Gruppe angeschlossen." Komisch. Bisher wusste ich gar nicht, dass er überhaupt Ski fährt. Mit sportlichen Aktivitäten habe ich ihn eher nicht in Verbindung gebracht. Ich spüre, wie sich meine Magengegend zusammenzieht. Irgendetwas daran passt nicht. Und mein Ton kippt, bevor ich es steuern kann. „Ach, und wer fährt da noch so mit? Deine neue Freundin?" Wieder entsteht auf der anderen Seite eine längere Pause. Dann folgt ein „Ja, genau!" Allerdings nicht so pampig, wie ich es auf meine provokative Frage hin erwartet hätte. „Jetzt sag mal ehrlich", lenke ich ein. Gleichzeitig weiß ich aber schon, dass er es ernst meint. „Nee, es stimmt", sagt er leise. „Ich erkläre es dir heute Abend. Falls ich es pünktlich zum Zug schaffe."

Gegen 20 Uhr erreiche ich mit Matteo die Ferienwohnung in Cannero. Um 22 Uhr ist mein Auto bis unter das Dach gepackt mit allem, was ich besitze. Einschließlich der Zimmerpalme. Es sieht aus wie ein Hotelzimmer auf Rädern. „Du musst nicht wegfahren, du kannst ruhig erst einmal in der Wohnung bleiben", sagt Matteo zum wiederholten Male. „Vaffanculo", sage ich und schlage die Autotür zu. Keine einzige Nacht will ich noch hierbleiben. Mit dem vollgepackten Auto brause ich nach Locarno. An der Grenze wundert sich offenbar niemand über meinen rollenden Hausstand, sie winken mich nur müde durch. Eine halbe Stunde später stehe ich bei meiner Arbeitskollegin Melanie vor der Tür. „Danke, dass ich in eurem Gästezimmer übernachten kann. Ist nicht für lange ..." „Kein Problem!", sagt Melanie und holt mir erst einmal ein Glas Wein aus der Küche. Dass sie sich sicher über den Besuch wundert, lässt sie sich nicht anmerken. Sie war die Einzige, von der ich eine Handynummer besaß. Also schrieb ich ihr aus dem Zug aus Verzweiflung eine SMS. Ein Notfall, wie ich erklärte. Für ein, zwei Nächte – bis ich eine andere Unterkunft gefunden habe.

„Und wo kommt jetzt diese neue Freundin deines Hoteliers so plötzlich her?", fragt mich Beata in der Redaktion. Sie und Melanie sitzen in der Kaffeepause an meinem Schreibtisch. Eigentlich müsste ich Themen für die nachfolgende Sitzung suchen, aber darauf kann ich mich gerade gar nicht konzentrieren. „Irgendwo aus dem Dorf", sage ich. „Keine Ahnung, wie das geht. Schließlich waren wir ja fast jeden Abend zusammen. Angeblich kennen sie sich schon seit der Schulzeit." Melanie rührt in ihrem Getränk. „Und zwanzig Jahre später fällt ihm ein, dass sie seine große Liebe ist? Die müssten sich doch ständig über den Weg laufen. Der Ort hat doch nur 1000 Einwohner, oder?" „Tja, ich weiß es nicht", seufze ich. „Vielleicht haben ihn die Monate mit mir zu der Überzeugung gebracht, dass er doch besser auf jemanden aus seinem Heimatdorf setzen sollte. Einen gewissen Kulturkonflikt gab es bei uns ja durchaus. Er war ja immer der Meinung, dass bei mir etwas nicht stimmt, weil ich so weit von meiner Familie weg wohne. Er wollte mir nicht glauben, dass es in Deutschland eher verdächtig ist, wenn man mit vierzig jeden Morgen bei seiner Mutter frühstückt. Außerdem habe ich ihn darauf hingewiesen, dass der italienische Dottore-Titel nicht mit einem Doktor gleichzusetzen ist." „Und was machst du jetzt? Willst du nach Deutschland?" Eine gute Frage. „Meinen Job hier bis März will ich eigentlich schon abschließen", antworte ich. Rational weiß ich auch, dass es blöd wäre, wegen des Scheiterns einer noch nicht einmal halbjährigen Affäre jetzt alle beruflichen Perspektiven in den Sand zu setzen. Ich bin ja im Frühjahr nicht wegen Matteo hergekommen. Allerdings war er sicher ein Grund, mein Praktikum zu verlängern. Die Vorstellung, den Winter hier alleine zu verbringen, flößt mir nahezu Angst ein. Aber ich wüsste gar nicht, was ich in Deutschland so spontan machen sollte. Gehe ich zurück in die Stadt, in der ich studiert habe? Eine Wohnung habe ich dort nicht mehr. Oder in die Kleinstadt zu meinen Eltern? Aber was um Gottes Willen soll ich da? „Du kannst erst einmal in unserem Rustico in Mergoscia wohnen", sagt Beata zu mir. „Das nutzen wir im Moment nur am Wochenende. Es ist aber ganzjährig bewohnbar." „Mergoscia? Wo liegt das?" „Oberhalb vom Verzasca-Stausee. Zu erreichen über Brione sopra Minusio. Von Locarno aus etwa zwanzig Minuten. Sehr hübsch. Und im Winter sehr schön ruhig ...", fügt sie noch an und grinst.

Am Abend starten wir mit zwei Autos vom Parkplatz der Redaktion. Ich soll hinter ihr herfahren. Nachdem wir die noch immer weihnachtlich geschmückte Piazza von Locarno umrundet haben, geht es quer durch die Altstadt bergauf – und in vielen Kurven immer weiter hoch bis nach Orselina und Brione, bis wir hinter den kleinen Orten ins Waldgebiet eintauchen. Rechts unter mir sehe ich irgendwann im Dunkeln beleuchtet den gigantischen Verzasca-Staudamm, meine Hände fangen an zu schwitzen. Ich frage mich, wie weit wir noch fahren. In Mergoscia selbst, das in 735 Höhenmetern am Berghang klebt – also 535 Meter oberhalb von Locarno –, schrauben wir uns mehrere Serpentinen nach oben. Die Straße wird einspurig, bis meine Kollegin plötzlich vor mir bremst. Sie legt gekonnt ein Wendemanöver auf dem engen Weg hin und stellt ihr Auto eng an den Fahrbahnrand. Hinter der Balustrade geht es steil bergab. „Bereust du es schon?“, fragt sie mich belustigt. „Der Ort liegt ein bisschen abgelegen. Aber man gewöhnt sich an die Fahrt.“ Als Erstes fällt mir die ungewohnte Stille auf. Es sind keine Geräusche wahrzunehmen, kein Autoverkehr. Es wirkt, als ob die uns umgebende Dunkelheit alles schluckte. Dafür glitzern die Sterne über uns. Die Luft ist kälter als in Locarno, sehr trocken und riecht nach Holzofen. Mein Blick fällt über das Tal, einzelne Lichter weisen auf Siedlungen auf der anderen Talseite hin, auf einem schmalen Streifen am Horizont schimmert das hintere Seeufer des Lago Maggiore durch. Der Stausee tief unter uns ist dunkel zu erkennen. Ich bin fasziniert und skeptisch zur selben Zeit. Es fühlt sich an, wie am Ende der Welt angekommen.

Tatsächlich ist Mergoscia der letzte Ort an der Straße, ein Sackgasse. Wer tiefer ins Verzascatal reinfahren will, muss wieder hinunter an den Lago Maggiore und die Straße auf der anderen Talseite nehmen. Hin und wieder sieht man dort die Scheinwerfer von Autos aufblenden. Ich greife nach einem meiner zahlreichen Gepäckstücke im Auto und folge Beata eine kleine Gasse entlang. Ihr Haus ist integriert in den verwinkelten Dorfkern und besteht aus Stein und Holz, wie es typisch ist für diese südalpine Bergregion. Schon beim Eintreten ist zu erkennen, dass das historische Gebäude komplett renoviert und modernisiert wurde. Trotzdem hat es seinen charakteristischen Stil behalten. In der großen Wohnküche im Erdgeschoss befindet sich ein riesiger Kamin mit Holzbank davor. „Keine Sorge. Es gibt auch Zentralheizung“, sagt Beata und verschwindet um die Ecke. Kurz danach rauschen und gluckern die Rohre an den Wänden, es riecht leicht nach Heizöl. Sie zeigt mir die anderen Räume. Mein Gästezimmer befindet sich unter dem Dach mit schrägen Wänden und Panoramablick. Eigentlich sehr gemütlich. „Ich mache mich wieder auf den Weg“, sagt meine Kollegin dann. „Fühl dich wie zu Hause. Wir sehen uns morgen bei der Arbeit.“ Dann wird es still um mich und ich bleibe in dem verwinkelten Haus am Ende des Tals alleine zurück.

Am nächsten Morgen wache ich mit einer schnurrenden Katze auf meinen Füssen auf. Das rot gestreifte, offenbar sehr kontaktfreudige Tier ist durch ein kleines Fenster ins Zimmer geklettert. Nach vorne hin befinde ich mich im dritten Stock, nach hinten aber auf Terrassenhöhe, wie ich bei erstem Tageslicht feststelle. Und ich schlafe immer bei offenem Fenster. Die schnarchende Katze hatte eine beruhigende Wirkung auf mich. Ich fühlte mich weniger einsam. Zumal ich auch das Gefühl hatte, keine Einbrecher im Haus zu haben, solange die Katze so entspannt auf dem Bett liegt. Mit Tageslicht kann ich den Stausee und den in der Ferne liegenden Lago Maggiore sehen. Die Sonne geht auf, auch wenn es noch eine Weile dauern wird, bis sie hinter den Bergen hervorschaut. Die Atmosphäre ist faszinierend. Trotzdem bin ich erleichtert, mich nach einem Kaffee in der Wohnküche wieder auf den Weg zurück in die Zivilisation machen zu können. Weit und breit ist in der Nachbarschaft kein Mensch zu sehen. Laut Beata werden die meisten Häuser als Zweitwohnsitz genutzt, aber erst im Sommer. Ich wohne nun also abgelegener als je zuvor. Dagegen war Cannero eine pulsierende Weltmetropole. Ein bisschen frage ich mich schon, wie das passieren konnte. Aber es ist ja nur für den Übergang. Und ich bin meiner Kollegin unglaublich dankbar. Jetzt kann ich in Ruhe nach einer neuen Unterkunft suchen.

„Hat sich Matteo mal gemeldet?“, fragt mich Melanie später in der Redaktion. „Der müsste sich doch eigentlich fragen, wo du abgeblieben bist.“ „Nö“, antworte ich. „Keine SMS und keine Anrufe.“ „Was immer du jetzt machst“, sagt

Melanie, „bis Karneval musst du noch bleiben!" „Karneval? Also weißt du, ich komme ja aus Norddeutschland. Zum Fasching habe ich nicht so eine Affinität. Das letzte Mal verkleidet habe ich mich im Kindergarten." „Nach Bellinzona zum Rabadan solltest du fahren. Das gehört hier zu den Jahres-Highlights." Ich nicke zögernd. Journalistisch betrachtet ergibt das sicher Sinn. Aber in der Stimmung, mit Clownskostüm und blauer Perücke durch Bellinzona zu laufen, bin ich gerade nicht.

„Lugano und Mendrisio?", frage ich irritiert. „Ja, und Chiasso. Das Malcantone am Luganersee gehört auch dazu." Der Chefredakteur holt eine verknitterte Landkarte aus dem Schrank und kreist den Süden des Tessins ein. „Das ist alles ‚Sottoceneri', weil es unterhalb des Berges Ceneri liegt." „Ich weiß", sage ich zögerlich. „Da kenne ich mich aber nicht so besonders gut aus ..." Eine leichte Untertreibung. Bis in die Innenstadt von Lugano bin ich erst ein einziges Mal zur Bilanz-Pressekonferenz gekommen. Die Region kenne ich ansonsten überhaupt nicht. „Das macht nichts. Dafür machst du ja das Praktikum. Das lernst du kennen. Und dann haben wir jemanden, der sich auf Themen aus diesen Orten konzentriert." „Kann ich nicht Locarno und Umgebung machen?" Es kommt Protest von den anderen Redaktionsmitgliedern. „Da haben wir schon genug Leute für", sagt der Chefredakteur. „Für das Sottoceneri brauchen wir noch jemanden. Diese Region hat ja sonst unsere abwesende Kollegin betreut."

Am nächsten Tag fahre ich dann zum ersten Mal bis Mendrisio. Die Region, das Mendrisiotto, kurz vor der italienischen Grenze, werde auch „die Toskana der Schweiz" genannt, geben mir die Kollegen mit auf den Weg. Im Moment sehe ich allerdings nur ein monströses Gewerbegebiet direkt an der Autobahn – und hoffe, dass es in der echten Toskana nicht genauso aussieht. Um Mendrisio vor dem Termin im Detail zu besichtigen, habe ich allerdings keine Zeit, weshalb ich es auf einen anderen Tag verschiebe. Ich bin mit dem ehemaligen Direktor eines im Tourismus tätigen Vereins verabredet. Er feiert ein wichtiges Jubiläum – und ganz im Lokalzeitungsstil hat die *Tessiner Zeitung* die Idee, es mit einem Porträt über die Region zu verbinden. Das Thema wurde mir ans Herz gelegt. Ich bin ziemlich entspannt. Der Termin sollte ein Selbstläufer werden.

In einem Büroraum sitzt der Jubilar mir gegenüber und schaut mich erwartungsvoll an. Ich erkläre noch einmal mein Anliegen. „Und daher dachten wir, es ist eine schöne Gelegenheit, dass Sie uns einmal die wichtigsten Meilensteine in der Entwicklung des Tourismus nennen, die Sie miterlebt haben. Wir hätten damit einen schönen Artikel für unsere Leser, in den wir ein paar Ausflugstipps mit einbauen können." Ich habe die letzten Worte noch nicht zu Ende gesprochen, da beugt sich mein Gesprächspartner vor auf seinen Schreibtisch und schimpft: „Es ist immer dasselbe mit den Journalisten. Ihr kommt völlig unvorbereitet her. IHR SOLLT FRAGEN STELLEN, FRAGEN! Wie soll ich sonst antworten?“ Ich schaue ihn verdattert an. „Okay, ja, okay. Ich kann die Fragen gerne konkreter formulieren“, stottere ich. „Ich wollte Ihnen nur erst einmal erklären, worauf ich hinauswill." „Also, was genau wollen Sie von mir wissen?“, seufzt er. Ich bin immer noch etwas irritiert – und habe eigentlich auch kein Konzept. Bisher ging ich davon aus, dass der Mann einfach dankbar über seine Arbeit erzählen wird. Ich improvisiere: „Was war Ihrer Meinung nach das Wichtigste, das sich verändert hat, um das Mendrisiotto zu einer für Touristen attraktiven Region zu machen?“ „Sehen Sie? Das ist es wieder. Journalisten sollen sich VORBEREITEN. Wie soll man mit diesen Schreiberlingen sprechen, wenn sie von der Materie keine Ahnung haben?"

„Natürlich", sage ich. Und denke fieberhaft nach. „Welche Ausflugsziele können Sie denn empfehlen?", wage ich einen neuen Ansatz. Weil er nicht antwortet, fange ich an, aufzuzählen, was mir aus der Redaktion an Stichworten in den Sinn kommt: „Den Monte Generoso mit seinem Trenino, dem Bähnchen? Oder den Monte San Giorgio, berühmt für seine Fossilien? Die Ausgrabungsstätte in Tremona? Irgendwelche Weinkeller?" Er schnauft wieder. „Das sind ja nun alles keine Geheimtipps. Wenn Sie genauer recherchiert hätten ..."

Mein Artikel zwei Tage später leitet mit dem Satz ein: „Wer über dreißig Jahre im Tourismus tätig ist, hat sicher viel zu erzählen. Beim ehemaligen Direktor Z. ist das allerdings nicht der Fall ..." „Was ist da denn bitte passiert?", fragt mich der Chefredakteur morgens in der Sitzung. Er war am Tag zuvor nicht da und daher auch nicht dafür zuständig, den Text vor dem Druck durchzuwinken. „Ich habe einfach geschrieben, wie es war", sage ich, jetzt doch nicht mehr ganz so selbstbewusst. Der Chefredakteur seufzt. „Ich habe es geahnt. So ganz einfach ist der Typ nicht. Gut, dass er pensioniert wird." Und danke, dass ihr mich alle habt ins Messer laufen lassen, denke ich noch.

Ein Wochenende steht bevor. Und das bekommt plötzlich eine ganz neue Schwere. Ich bin wieder Single – was eigentlich nicht ganz so ungewöhnlich ist. Zum ersten Mal allerdings fehlt mir auch der Rest eines sozialen Umfeldes. Das Gatto Rosso, meine unfreiwillige, aber verlässliche Ersatzfamilie des vergangenen Sommers, ist noch in der Winterpause, mein deutscher Freundeskreis befindet sich rund 1000 Kilometer entfernt und meine neuen Arbeitskollegen kenne ich noch gar nicht so gut. Sie sind alle nett, aber zum großen Teil auch älter und familiär gebunden. Nächte durchfeiern gehört für die meisten nicht mehr zum Programm. Ich wache am Samstagmorgen also in Mergoscia auf und versuche nicht in Panik zu geraten darüber, dass ich mich im Januar in einem Bergdorf befinde, in dem die Straße endet – und in dem in diesem Monat geschätzt maximal zehn Menschen wohnen. Ich stelle meine Espressokanne auf den Herd – und schaue aus dem kleinen Fenster. Hinten über dem Lago Maggiore liegt Dunst, der von der höher steigenden Sonne angeschienen wird. In den vergangenen Tagen hat es in den höheren Lagen, auch in Mergoscia, leicht geschneit. Idyllisch, muss ich feststellen. Die umliegenden weißen Gipfel glänzen in der Sonne. Trotzdem bin ich unruhig.

Matteo rief gestern Abend tatsächlich an. Den ersten Anruf habe ich glatt verpasst – und es geschafft, nicht gleich hektisch zurückzurufen. Als es eine ewige halbe Stunde später wieder klingelte, bin ich mit zitternden Händen rangegangen. „Ciao, wie geht's dir?", fragte er. „Ja, alles okay", antwortete ich. Ich überließ ihm das Reden. „Ich habe mir schon Gedanken gemacht, ob bei dir alles in Ordnung ist. Wo wohnst du jetzt?" „In Mergoscia. In einem Rustico." „Aha, ja, gut." Pause. Dann halte ich es nicht mehr aus. „Wollen wir uns vielleicht heute Abend treffen und reden?", platzt es aus mir heraus. „Ich könnte nach Cannero kommen." Wieder Pause auf der anderen Seite. „Heute ist schlecht", sagt Matteo dann. „Heute feiert doch mein Schwager Geburtstag." „Ach so, hm, ja", sage ich. Daran erinnere ich mich tatsächlich. Eine Feier im Restaurant. Dann höre ich mich fragen: „Kommt deine neue Freundin auch mit …?" Wieder Pause. „Ach, das weiß ich nicht", kommt es zögerlich zurück. Ich schöpfe Hoffnung. „Wieso? Was ist mit ihr?" „Na ja, ich habe sie noch nicht gefragt." Er macht eine Pause. „Ich hoffe aber, dass sie es einrichten kann", sagt er dann schon viel fröhlicher. „Und wie geht es sonst so? Was macht die Arbeit?", setzt er aufgeräumt hinten dran. Ich lege auf. Draußen hat sich die Sonne hinter den Wolken verzogen. Ich beschließe eilig, nach Locarno runterzufahren und durch die Stadt zu laufen. Sonst verfalle ich in Selbstmitleid.

Sobald es regnet, so wie heute, ist es unter den Portici, den Arkaden, entlang der Ladenreihe in Locarno immer voller Menschen. Schwermütig betrachte ich ein Schaufenster und wundere mich über die Auslage: Leoparden-leggings für über 500 Franken. Wer soll die tragen? Plötzlich wird die Ladentür von innen aufgerissen. Jemand sagt zur mir: „Hey, hallo! Wie geht's? Du bist ja immer noch hier!" Überrascht schaue ich den jungen Mann in Turnschuhen und Sportanorak an, der aus dem Geschäft herausspringt. „Ach, Urs! Hallo!", sage ich zu meinem Mitschüler aus dem Sprachkurs im Mai. „Was machst du denn hier? Hast du dich da drin neu eingekleidet?" Er hebt eine teuer aussehende Papiertüte hoch. „Ich brauchte ein Hemd für die Arbeit. Die haben welche heruntergesetzt." Gerne hätte ich nachgeschaut, was für ein Hemd jemand, der sonst nur Sweatshirts mit Vereinslogo trägt, in so einem Laden auswählt. Aber ich traue mich nicht nachzufragen. „Wieso bist du noch hier?", fragt er mich wieder. „Arbeitest du immer noch in der Pizzeria in Italien?" „Nein, nein. Ich arbeite jetzt im Tessin, als Journalistin. Bei der *Tessiner Zeitung*." „Echt? Wow, super. Die kenne ich. Meine Eltern haben die abonniert. Worüber schreibst du so?" „Zuletzt über touristische Highlights in Mendrisio ..." „Aber hey, hast du deinen Kindheitstraum schon umgesetzt?", unterbricht mich Urs. „Meinen Kindheitstraum ...?" „Ja, was du mir erzählt hast! Dazu ist doch jetzt die Gelegenheit zu. Ich mache mit und helfe dir!"

„Gibt es hier eine Toilette? Ich glaube, ich muss doch noch einmal schnell ..." Urs hört gar nicht zu. Er läuft stattdessen die Treppe vor mir hoch, in der Hand zwei Karten. „Die Billets habe ich. Komm. Dann können wir die nächste Fahrt noch mitmachen." Ein Gong ist zu hören. Ich verheddere mich mit den sperrigen Skiern und Stöcken im Drehkreuz. „Sonst nehme ich die nächste ..." rufe ich. „Oder wir verschieben die ganze Aktion doch auf nächste Woche." Urs nimmt mir die ungewohnte Skiausrüstung ab und zieht mich in den Fahrgastraum. Hinter mir schließt die Tür. Und mir wird übel. Angesichts der Kinder um mich herum, die lachend ihre Taschen verstauen und nicht einmal einen Blick aus der gläsernen Kabine werfen, will ich mir aber nichts anmerken lassen. Meine Hände sind schweißnass, ich suche nach einer Halteschlaufe und versuche so zu tun, als ob ich in der S-Bahn stünde.

Mit einem Ruck hebt sich die Kabinenseilbahn und nimmt Geschwindigkeit auf – bergauf natürlich. Es ruckelt, als wir den ersten großen Stahlträger erreichen. Die Kabine schwingt einmal ausladend hin und her. „Die Anlage der Seilbahn hat Mario Botta entworfen", erläutert Urs. „Weißt du? Der Stararchitekt aus dem Tessin!" Ich nehme nur das Geschaukel wahr – welcher Ingenieurskoryphäe ich das zu verdanken habe, ist mir gerade egal. Urs plaudert weiter: „Und du warst echt noch nie oben?" „Hmm ...", antworte ich mit konzentriertem Blick auf den Berg. „Da, ein super Ausblick. Schau doch mal. Wie toll man das Flussdelta mit Ascona und Locarno sieht." Ich linse vorsichtig zur Seite. In dem Moment erreichen wir den nächsten großen Stahlträger. Die Kabine pendelt wieder vor und zurück. Ich fixiere erneut den Berg. Und blicke auf Tannen und Schneematsch. „Ist da überhaupt genug Schnee?", frage ich hoffnungsvoll. Vielleicht können wir oben einfach einen Kaffee trinken und wieder herunterfahren – sobald ich innerlich bereit dazu bin. „Doch, doch, da liegt genug Schnee. Auf Cardada vielleicht noch nicht, aber auf Cimetta." „Wie, Cimetta? Müssen wir noch höher?" „Ja. Da geht ein Sessellift hoch. Auf dem sitzt man quer statt gerade. So lässt sich die Aussicht viel besser genießen.

Der Ausblick oben verschlägt mir die Sprache. Unter mir liegt der Lago Maggiore. Das Seebecken schlängelt sich nach Süden und glitzert in der Sonne. In die andere Richtung blicke ich auf weiße Alpenkulisse. „Dort hinten siehst du den höchsten Punkt der Schweiz, die Dufourspitze im Monte-Rosa-Massiv", erläutert Urs. Wahnsinn. Solange ich auf festem Untergrund stehe, macht mir die Höhe nichts aus.

„So, probiere erst einmal einen Ski aus", weist Urs mich an. Ich mache es, wie er sagt. Aufgeregt rutsche ich mit einem Ski herum. Dann wird es ernst. Ich schnalle beide Ski an. Etwas verkrampft stehe ich auf dem Schnee. „Und jetzt langsam los ..." „Hilfe, wie bremse ich denn?" „Ski vorne zusammen wie beim Schneepflug." Ich rutsche ein paar Zentimeter vor – dann mit einem Bein zur Seite, sodass ich der Länge nach auf dem Boden aufschlage. Es dauert ewig, bis ich es mit den Skiern schaffe, wieder aufzustehen. Neuer Versuch. Vorsichtig stoße ich mich mit den Stöcken ab. Diesmal gelingt es mir, das Gleichgewicht zu halten. Langsam, Meter für Meter, rutschen wir die flache Piste herunter. Ich schiebe vor meinen schräg gestellten Skiern eine immer höher werdende Masse Schnee her. Fünfjährige, die mit ihren großen Helmen wie Astronauten aussehen, gleiten mit ausdruckloser Miene zügig an mir vorbei. „So", sagt plötzlich Urs, „das geht doch schon ganz gut! Ich fahre dann mal ein paar Runden auf der roten Piste. Du probierst einfach weiter." Ich schaue ihm entsetzt nach. „Was? Aber wie komme ich wieder nach oben?" „Da um die Ecke ist doch der kleine Schlepplift. Da fährst du einfach hin." Damit verschwindet er die abzweigende Piste abwärts.

Eine gefühlte Ewigkeit später komme ich beim Lift an. Das letzte Stück habe ich die Bretter abgeschnallt und bin auf der Seite im dickeren Schnee zu Fuß gegangen. Nachdem ich zum zehnten Mal auf der Piste lag, war mir die Lust vergangen. „Sono principiante, ich bin Anfängerin", rufe ich dem Typen am Lift zu. „Wer hätte das gedacht", sagt er, während ich vor ihm die Skier wieder umständlich anschnalle. Das Gesicht des jungen Mannes kommt mir bekannt vor. Ach ja, der Typ aus der City Bar, mit dem ich geredet habe. Der Schreiner. „Arbeitest du auch auf der Skipiste?", frage ich nach. „Nur ehrenamtlich. Wie alle hier." Mit diesen Worten hakt er mich in den Lift und lässt mich losfahren – bis ich mich drei Meter später wieder mit den Brettern unter den Füßen verheddere und in den Schnee stürze. Beim zweiten Versuch klappt es. Die Kindergruppe wartet geduldig, bis ich erneut gestartet bin. Ich halte mich mit so viel Kraft an dem Bügel fest, dass ich tatsächlich nicht hinfalle. Oben angekommen brauche ich erst einmal eine Pause, um meine Arme auszuschütteln. Außerdem schaue ich mich nach Urs um. Von dem ist aber nichts zu sehen. Ich überlege für einen Moment, die Skier abzuschnallen und mit der Seilbahn ins Tal hinabzufahren. Dann lasse ich den Blick wieder über das Panorama gleiten. Ich atme tief durch und lasse mir die Sonne ins Gesicht scheinen. Dann beschließe ich, eine weitere Runde zu wagen.

Vier Runden später überwinde ich die Anfängerpiste erstmalig ohne hinzufallen. Ich überhole sogar jemanden. Sein Begleiter ruft ihm zu: „Look at the other girl! Du musst es machen wie sie!" Stolz winke ich den beiden mit dem Skistock zu. „It's my first time skiing", rufe ich. Als Antwort kommt: „I am from Brazil. It's my first time seeing snow!“ Ich fahre langsam weiter. Für bessere Stabilität gehe ich tiefer in die Knie und winkle meinen Oberkörper noch weiter nach vorne ab. Dabei dauerbremse ich im Schneepflug. Ein Hochgefühl durchflutet mich: Ich fahre tatsächlich Ski! Ein anderer Wintersportler schaut mir vom Pistenrand zu. „Alles okay oder brauchen Sie Hilfe?“ Seine Stimme klingt ehrlich besorgt. Ich zeige den Daumen hoch und rutsche weiter Richtung Sessellift.

Februar

„Ich könnte noch bis Ende April arbeiten? Hm …“ Ich blicke am Chefredakteur vorbei aus dem Fenster. Draußen schneit es wieder und auf den Straßen liegt Schneematsch. Der Hang hinter der Altstadt von Locarno verschwindet in tiefhängenden Wolken. Mich fröstelt es. Gleichzeitig bin ich erleichtert. „Das mache ich gern!“ Auf einen Monat mehr kommt es nun wirklich nicht an. Ich bin zwar innerlich schon darauf eingestellt, Ende März wieder nach Deutschland abzureisen. Zumal ich mir dann keine neue Unterkunft suchen müsste. Denn länger kann ich in dem Rustico nicht mehr bleiben. Doch in Deutschland fehlt mir ja weiterhin die berufliche Perspektive. Was natürlich auch daran liegt, dass ich mich noch nicht darum gekümmert habe. Es wird Zeit, ein paar Bewerbungen abzuschicken. Immerhin kann ich jetzt meine Berufserfahrung hier im Tessin einbauen, das wertet mein Curriculum, das ansonsten zu sehr Standard ist, um in der Warteschlange der angehenden Lokaljournalisten aufzufallen, doch schon einmal auf. „Im Mai ist unsere Mitarbeiterin aber auf jeden Fall wieder da“, sagt der Chefredakteur. „Sie hat ab dem Zeitpunkt einen Platz in der Kinderkrippe. Leider haben wir für dich dann kein Budget mehr.“

Ich bin tatsächlich gerne noch einen Monat länger in der Redaktion. Die Arbeit bei der *Tessiner Zeitung* macht mir Spaß. Das Themenspektrum ist für so ein kleines Blatt erstaunlich umfangreich und reicht von typischen Lokalzeitungspossen bis zu internationalen Skandalen. Durch die Grenzlage zu Italien und den Bankenplatz Lugano ist das Tessin in ausreichend Finanzskandale, Geldwäschereien und Schmugglernetzwerke verwickelt, als dass es der Presse langweilig werden könnte. Dasselbe gilt für das Kulturprogramm. Dank der touristischen Ausrichtung der Region wird viel mehr geboten, als es sonst in vergleichbaren Ortschaften zu erwarten wäre. Woanders schrummelt dann beim Stadtfest bestenfalls eine Coverband. In Lugano oder Locarno auf der Piazza steht während diverser Festivals im Sommer schon mal das Original irgendeiner Rockgröße auf der Bühne. Die Stimmung in der Redaktion ist familiär und gemütlich. Ich komme gerne ins Büro und kann mich gut auf meine Arbeit konzentrieren. Es muss diese spezielle Inselsituation dieser deutschsprachigen Zeitung im italienischen Sprachraum sein, die die Redakteure zusammenschweißt. Schließlich sind alle muttersprachlichen Mitarbeiter irgendwann einmal ins Tessin gezogen, entweder von der Deutschschweiz oder von Deutschland aus.

Ich brauche jetzt erst einmal ein koffeinhaltiges Heißgetränk, um die Neuigkeit sacken zu lassen. In der Cafeteria treffe ich auf Daniel, der dort an einem Pappbecher nippt. Hinter ihm sitzt Lorenzo und blättert in einer Zeitung. „Bleibst du jetzt also noch ein bisschen länger im Tessin?“, fragt Daniel mich. Ich bin überrascht. Er ist erstaunlich gut informiert. Schließlich weiß ich es erst seit drei Minuten. „Ja, so wie es aussieht, bleibe ich euch noch den April erhalten.“ Daniel nickt. „Und was machst du dann?“, fragt er. „Oh, dann muss ich schauen, welche Angebote es gibt. Ich habe ja in Deutschland viele Kontakte in die Medienbranche. Da suche ich mir jetzt noch das Interessante heraus.“ „Hierbleiben willst du also nicht?“ „Darüber habe ich mir noch gar keine Gedanken gemacht“, antworte ich wahrheitsgemäß. „Klar, ich könnte mich natürlich auch offiziell hier bewerben. Aber ich freue mich auch, mal wieder in die Großstadt zu kommen." „Verstehe!", sagt er. „Eins sollte dir klar sein", setzt er mit ernster Miene fort. „Wenn du länger bei der *Tessiner Zeitung* bleiben willst, solltest du dich mit mir gut stellen." Mit diesen Worten schmeißt er seinen Espresso-Pappbecher in den Mülleimer und verlässt den Kaffeeraum. Ich schaue ihm sprachlos hinterher. „Der spinnt doch", schimpfe ich laut, während ich eine Münze in den Automaten werfe. Lorenzo schaut auf. „Für wen hält der sich? Warum soll ich mich mit ihm gut stellen? Der hat hier nichts zu sagen." „Da wäre ich mir nicht so sicher", entgegnet der Grafiker. „Ich habe ihn neulich im Gespräch mit eurem Chef gesehen. Ich glaube, der will hier im Haus Karriere machen."

Nach der Arbeit renne ich noch schnell in den Einkaufsladen. Beim Rausgehen aus dem Laden entdecke ich aus dem Augenwinkel einen Aushang auf Deutsch. „WG in Verscio sucht Mitbewohner/in für Zimmer in gemeinsamem Haus mit Garten. Auch Kurzzeit-Miete möglich." Ich bleibe stehen. Das kommt ja wie gerufen. Vielleicht endet der Tag ja doch noch gut. Seit dem Gespräch mit Daniel habe ich nämlich schlechte Laune. Ich reiße mir von dem Aushang einen Schnipsel mit der Telefonnummer ab und verlasse das Geschäft.

Es schneit immer noch leicht, die Straßen sind nass und matschig. Ich wuchte meine Einkaufstüte ins Auto, steige ein und lasse den Motor an. „Nach Mergoscia ist gesperrt …", tönt es aus dem Radio. In dieser Sekunde habe ich den Sender aber auch schon verstellt, weil ich gewohnheitsmäßig nach Musik gesucht habe. Ich drehe den Radioknopf schnell wieder zurück, um die Verkehrsnachrichten zu hören. Zu spät. Aber ich bin mir sicher, „Mergoscia" verstanden zu haben. Um mich herum wird der Schneefall dichter. Es ist dunkel, die Temperaturen liegen um die null Grad. Ich halte in einer Parkbucht an und suche im Radio weiter nach Verkehrsnachrichten. Zehn Minuten dauert es, bis tatsächlich auf einem anderen Sender wieder eine Meldung kommt. „Wegen umgestürzter Bäume ist die Straße nach Mergoscia gesperrt." Ich höre entsetzt zu. Was mache ich denn jetzt? Es ist dunkel, ich habe Hunger, ich will nach Hause. Ich beschließe, bei der Polizei nachzufragen, wie die Lage wirklich aussieht. Wenn Mergoscia von der Welt abgeschnitten ist, müssen die ja irgendwelche Maßnahmen treffen. Im ersten Moment will ich die Notrufnummer 117 wählen. Doch dann entscheide ich, besser die Zentrale anzurufen. Schließlich hänge ich nicht mit einem Reifen über dem Abgrund. „Polizia cantonale ...", kommt es aus dem Handy. Die Nummer habe ich zum Glück für Journalistenanfragen eingespeichert. „Ich wohne in Mergoscia. Komme ich da jetzt hin?", frage ich auf Italienisch. „Ja, klar!", heißt es auf der anderen Seite der Leitung. „Warum nicht?" „Ja, nur weil sie im Radio gesagt haben, dass die Straße gesperrt sei." „Moment bitte!" Es dauert einen Moment. Dann meldet sich die Stimme wieder. „Nein, alles okay. Sie können über Tenero und Contra fahren. Nur von Brione aus ist die Zufahrt gesperrt. Da ist ein Baum umgestürzt." Inzwischen fallen dicke Flocken um mich herum. Ich werfe das Handy auf den Beifahrersitz und gebe Gas. Etwa eine Dreiviertelstunde später komme ich schwitzend mit röhrendem Motor und durchdrehenden Rädern vor dem Rustico an. Wenden ist wegen der dicken Schneeränder nicht mehr möglich. Ich stelle das Auto quer in den Wendehammer. Als ich mit meiner Einkaufstüte zum Haus stapfe, sehe ich, wie die dicken Schneeflocken meine Reifenspuren verschwinden lassen. Ich bin definitiv die Letzte, die heute noch nach Mergoscia gekommen ist.

Am nächsten Morgen erwartet mich beim Blick aus

meinem Schlafzimmer ein traumhafter Ausblick. Allerdings nur nach vorne. Nach hinten durch das Terrassenfenster sehe ich nichts, weil es dick mit Schnee verbarrikadiert ist. Mein Freund, der fette getigerte Kater, ist entsprechend heute Nacht auch nicht zu Besuch gekommen. Dick verschneite Winterlandschaft umgibt das Haus und den Ort. Ein paar Flocken rieseln herab. Die Umgebung sieht im heller werdenden Sonnenlicht so faszinierend aus, dass ich erst einmal meinen Fotoapparat hole und Aufnahmen mache. Draußen ist der Schnee unberührt. Die Idylle wird weder durch Mensch noch durch Schneepflug gestört. Wenn man Totenstille steigern könnte, würde ich sagen, es ist draußen noch ruhiger als sonst. Keine Frage, dass ich im Moment keine Chance habe, mein Exil hier zu verlassen. Ich frühstücke erst einmal in Ruhe. Und rufe etwas später in der Redaktion an, um mich vorübergehend abzumelden.

Gegen zehn Uhr bekomme ich einen Hüttenkoller. Es hat aufgehört zu schneien, ist aber weiterhin grau. Langsam sinkt meine Stimmung. Meinen Tag eingeschneit in Mergoscia zu verbringen, habe ich jetzt auch keine Lust. Ich beschließe, den beschwerlichen Weg hinab ins Tal zu wagen – und fühle mich bei dem Gedanken wie ein Bergbauer des 19. Jahrhunderts vor dem Markttag in Locarno. Ich bin aber deutlich im Vorteil, denn das Schneeräumgerät ist inzwischen einmal durchgefahren. Als ich ins Auto steige, den Wagen mühselig wende und dann vor mir durch die beschlagene Windschutzscheibe die steilen, einspurigen Serpentinen bergab liegen sehe, komme ich mir vor, als ob ich mich mit einem Bob auf die Eisbahn begäbe.

Eine Stunde später stehe ich mit einem Adrenalinpegel auf Anschlag in den Redaktionsräumen. Das wichtigste Autobauteil für die Fahrt bergab war die Handbremse.

Mit der habe ich gesteuert, als auf eisglatter Fahrbahn in den steilen Serpentinen Fußbremse und Steuer keinen Effekt mehr hatten. An Zurückfahren oder Auto abstellen, was ich nach den ersten hundert Metern gerne gemacht hätte, war bei dem Gefälle der Straße nicht zu denken.

Die Putzfrau des Verlags, Maria aus Cannero, kommt mir entgegen. Sie schaut mich prüfend an. Ich sage zu ihr: „Ciao! War das eine Tour hierher bei total glatter Fahrbahn ..." Sie reißt mich an einem Arm um die Ecke, zieht mich in einen leeren Redaktionsraum und flüstert mir verschwörerisch etwas zu. Ich verstehe kaum etwas. „Das Aufgebot bestellt ... für September ... Rathaus ..." Ich befreie mich aus ihrem Klammergriff. „Wer hat was gemacht?", frage ich nach. „Matteo hat das Aufgebot bestellt. Für September." „Was soll das heißen?", frage ich nach. „Verstehe ich nicht." „Matteo heiratet im September ...!" Ich schaue sie verdutzt an. „Matteo? Nein, sicher nicht. Das ist ja gar nicht möglich." „Doch, doch, ganz bestimmt. Es hängt am Rathaus aus. Mein Schwager hat den Namen gesehen."

„Nimmst du gar keine Sahne mehr in deinen Capuccino?" Ich schaue Urs genervt an. „Haha, lustig", antworte ich trocken. „Ich habe mich ja im Gatto Rosso fortbilden können. Schlagsahne ist ein No-Go. Seitdem weiß ich auch, dass sich jeder als Tourist outet, der den Cappuccino später als elf Uhr trinkt." „Jetzt ist es sogar 22 Uhr ...", sagt Urs überflüssigerweise. „Ja, ich weiß wohl. Aber ich brauche etwas zum Wachhalten!" Mein Auto steht neben der City-Bar. Es ist Donnerstag. Urs kommt gerade vom Sport und hat sich bereit erklärt, mit nach Bellinzona zu fahren. Zum Karneval. Da wollte ich eigentlich nicht hin. Aber seit ich weiß, dass Matteo heiratet, halte ich es abends in meiner Hütte im gefühlt hintersten Winkel dieses Kantons nicht mehr aus. Matteo schreibt herzförmige Tischkärtchen, während ich alleine vorm Fernseher sitze? Kommt nicht in Frage. Dann doch lieber mal schauen, was beim Karneval passiert. Eigentlich war mein Bedarf, mit Urs etwas zu unternehmen, gedeckt, seit er mich auf der Skipiste hat stehen lassen, aber jeder Mensch hat eine zweite Chance verdient. Und letztendlich war es ja ein toller Tag oben auf dem Berg, den ich mit dem Vorsatz schloss, mal einen richtigen Ski-Anfängerkurs irgendwo zu belegen.

Jetzt also Karneval. „Ich bin ganz schön kaputt", sagt Urs, während wir ins Auto steigen, und gähnt herzhaft. Bellinzona liegt eine halbe Stunde entfernt. Wir fahren zwanzig Minuten durch dunkle Orte mit hochgeklappten Bürgersteigen. Der einzige Hinweis darauf, dass in der Hauptstadt des Kantons die angeblich größte Party des Jahres stattfindet, ist ein einsames rosafarbenes Kaninchen, das in Contone sein Auto tankt. Weit und breit herrscht ansonsten vernebeltes Wetter und graue Stimmung. Ich schaue nach rechts zu Urs. Sein Kopf hängt seitlich auf der Schulter und ich glaube, ein Schnarchen zu vernehmen. Ich muss auch gähnen. In Giubiasco, dem Nachbarort von Bellinzona, nimmt der Verkehr dann plötzlich zu. In einer immer länger werdenden Autoschlange fahren wir nach Bellinzona rein, das letzte Stück in Schritttempo. Immer wieder muss ich bremsen, um tanzende Duschkabinen, Mönche und Marienkäfer über die Straße zu lassen. Ausgelassene Menschengruppen jeden Alters strömen auf die Altstadt zu. Am bunt beleuchteten Turm der großen Burg im Zentrum hängt eine überdimensionierte Faschingsmaske, und aus der Stadt dröhnen dumpfe Bässe durchs geschlossene Autofenster. Noch nie bisher habe ich die Tessiner in solch lockerer Stimmung erlebt. Urs schläft inzwischen tief und fest. Wir beide sind offenbar die Einzigen, die nicht verkleidet sind. Ein Kostüm anzulegen war mir zu Hause gar nicht eingefallen. Selbst einen Hut hätte ich für overdressed gehalten. Jetzt fühlte ich mich wie mit Wollpullover auf dem Weg zum Wiener Opernball ... „Willst du wirklich noch hin?“, frage ich Urs, als wir von der Polizei auf einen großen Parkplatz geleitet werden. „Hä, wohin? Ja, klar ...“ Kurz darauf sind wir wieder auf dem Rückweg. Mir ist es auch ganz recht so. Ich wusste es ja, Karneval ist nichts für mich.

„Waaas?“, rufe ich gegen die Musik an. „Was soll das für ein Kostüm sein?“, schreit mir der Kapitän im Festzelt auf der Piazza del Sole, direkt unterhalb des geschmückten Castelgrande, ins Ohr. „Pipi Calzelunghe o Cappuccetto Rosso?“ Pipi Langstrumpf oder Rotkäppchen. „Genau“, rufe ich, „ich konnte mich nicht entscheiden.“ „E come va con l'italiano?“ „Oh, gut. Gut.“ Offenbar kennt mich der Mann mit der Seemannsuniform. Ich kann ihn gerade nicht einordnen. Er gibt mir die Hand. Ich muss dazu den Bierbecher in die andere Hand wechseln. „Dann noch viel Spaß weiterhin!“ „Danke, danke!“, sage ich und schiebe mein rotes Kopftuch wieder zurecht, das mir halb über die Augen gerutscht ist. Meine Kostümierung hat bei der vorangegangenen Polonaise zu „Ma ma ma Mamma Maria ...“ ein wenig gelitten. Endlich ein italienisches Partylied, das ich kannte. Ich drehe mich belustigt zu Melanie um. „Wer war das denn? Der kannte mich. Er wollte wissen, was mein Italienisch macht.“ Sie zuckt mit den Schultern. „Ich kann dir nur sagen, dass das derselbe komische Typ ist, mit dem du auch auf dem Weihnachtsmarkt geredet hast. Ich kenne ihn nicht.“ Von der Seite kommt plötzlich ein riesiges Schaf auf uns zu gehüpft, hakt uns unter, macht drei Drehungen und springt weiter zu der nächsten Gruppe. Ich muss lachen. Mein Kopftuch ist nun ganz verschwunden. Mein Getränk auch. Die ganze Karnevalsfeier in den verschiedenen Zelten in der Altstadt von Bellinzona entspricht eigentlich genau meiner Erinnerung an Fasching im Kindergarten. Alle tanzen und sind fröhlich. Schwer alkoholisierte Besucher, die unangenehm aus der Rolle fallen, sind mir bisher nicht aufgefallen. Für ein Karnevalsfest mit so vielen Menschen erstaunlich. Ich hoffe, dass ich nicht später dazugehöre.

„Wollen wir weiter?", fragt mich meine Kollegin. „Irgendwo muss doch dieses Zelt mit den Prominenten sein." Wir sind nämlich geschäftlich hier – und in diesem Sinne auf der Suche nach dem begehrtesten Junggesellen des Tessins, dem George Clooney der italienischen Schweiz, einem Politiker im hohen Amt. Der soll sich mit diversen anderen lokalen Stars und Sternchen im VIP-Zelt amüsieren, zu dem nur geladene Gäste Zugang haben. Wir wollten unserem Karnevalsbesuch einen höheren Sinn verleihen, indem wir als Journalisten mal schauen, was dort so passiert. Auf diese Weise hat mich meine Kollegin geködert. Denn eigentlich hatte ich nach dem Fiasko am Donnerstag vorgehabt, Karneval zu meiden.

Noch am Nachmittag ging ich davon aus, abends unverkleidet eine Runde durch Bellinzonas Innenstadt zu drehen. Eine Stunde vor verabredeter Zeit überkam mich plötzlich das Bedürfnis, doch nicht als Spaßbremse beim Rabadan, wie der sechstägige Karneval in Bellinzona heißt, aufzukreuzen. Schließlich war mir aus dem Auto heraus schon aufgefallen, dass die anderen Partygänger sich mit viel Liebe zum Detail verkleideten. Also durchwühlte ich meine Koffer nach bunter Kleidung für ein improvisiertes Kostüm. Aus geringelten Overknee-Strümpfen und einem roten Tuch entstand dann, zusammen mit geflochtenen Zöpfen und Schminke, mein Märchenfiguren-Mix, den ich vor dem Spiegel im beschaulichen Mergoscia noch für auffallend schrill hielt – und der nun zwischen den ausgefeilten, mühevollen, über Monate zurechtgeschneiderten Verkleidungen der übrigen Besucher völlig untergeht.

Eine Gruppe Pamela Andersons in Badeanzügen stiehlt am Ausgang des bunt geschmückten Festzeltes gerade allen die Show. Ich könnte nicht einmal sagen, ob sich Männer oder Frauen unter den Perücken verbergen. Als wir uns durch die Menschenmenge auf der Piazza Collegiata schieben, spielt auf den Treppenstufen vor der Kirche die Guggenmusik mit Luftballons und tanzenden Pinguinen. „Die Gruppen treten hier im Wettbewerb gegeneinander an", ruft mir meine Kollegin zu. Hunderte von Menschen auf der Piazza springen im Takt zur tatsächlich mitreißenden Karnevalsmusik auf und ab. Ich meine, das Buslied von Davide Van De Sfroos herauszuhören. Jedenfalls bin ich immer noch fasziniert davon, wie die Tessiner auf einmal aus sich herauskommen. „Je enger das Tal, umso wilder der Karneval", sagt meine Kollegin. „Was glaubst du, was in Biasca oder Tesserete los ist."

Vom Menschenstrom lassen wir uns ins nächste Zelt und an die Biertheke schieben. „Ciao!", begrüßt mich ein Prinz, der auf einmal im Gewühl vor mir steht. „Antonio!", rufe ich. Den Finanzexperten aus Cannero erkenne ich sofort. Sein Kostüm besteht nämlich ausschließlich aus einer Krone. Er trägt sogar das übliche Sakko. „Come va?", begrüßt er mich und gibt Küsschen rechts und links auf die Wange. Mein drittes Küsschen rechts läuft ins Leere ... „Ach ja ..., Italien nur zwei Küsschen, im Tessin sind es drei", erkläre ich meinen Fauxpas. „Bist du jetzt also schon Schweizerin geworden?", fragt er mich. „Deswegen auch die Heidi-Verkleidung, oder?" „Sozusagen", antworte ich, „mir gefällt es jedenfalls gut im Tessin." „Ach, da bin ich froh", sagt Antonio. „Wichtig ist, dass du dich von der Trennung von Matteo erholt hast." Ich verdrehe innerlich die Augen, denn auf das Thema habe ich nun wirklich keine Lust. „Weil er ja jetzt heiratet“, plaudert Antonio weiter. „Die wollen im Herbst ein großes Fest auf dem Hotelgelände veranstalten. Das wird ein Großereignis im Dorf…“ Ich lächle angestrengt. „Ja, das habe ich gehört. Das freut mich für ihn.“ Antonio nickt. Er nimmt mir meine Gleichgültigkeit offenbar ab.

„Wollen wir tanzen?“, fragt er plötzlich. „Warum nicht?“ Bevor ich zu Ende gesprochen habe, umgreift er schon meine Schulter und nimmt eine Hand. Mit einer Art Walzerschritt tanzen wir im Kreis – und konsequent gegen den Takt. Es ist nicht ganz einfach, Antonio zu folgen. „Ich mache übrigens einen Salsa-Kurs“, erklärt er mir stolz. Ich unterdrücke ein Lachen und nicke nur. Dafür sehe ich meine Kollegin breit grinsen, während sie uns zuschaut. „Uno, due, tre“, zählt Antonio leise die Schritte. „Weißt du, was mir an dir echt gut gefällt?“, fragt er dann, während er mich hölzern im Dreivierteltakt durch die Menge schiebt. Ich schaue ihn überrascht an. Ich habe zwar ein bisschen Sorge, was jetzt kommt, aber Aufmunterung und ein paar Komplimente kann ich gut vertragen. „Dass du nichts von mir willst! Das finde ich echt super!“ „Ah, ja …“, sage ich. „Ja, das ist super. Bei Frauen deines Alters muss man nämlich höllisch aufpassen“, erklärt er weiter. „Am besten ist es, wenn sie unter 25 oder über vierzig sind. Sonst wollen sie sofort ein Kind.“ „Ach …?!“ „Ja!“ „Ich glaube, ich hole mir mal etwas Neues zum Trinken …“, setze ich an. „Oh, tschatschatscha …“, ruft er plötzlich begeistert, als das nächste Lied beginnt, und greift mir noch ein bisschen fester um die Schulter. Ich schaue hilfesuchend zu meiner Kollegin. Doch die ist inzwischen mit dem bisher unbeteiligt dabeistehenden Freund von Antonio ins Gespräch gekommen. Sie lachen die ganze Zeit. Ich beneide sie.

„Hast du dich schon zum Salsa-Kurs angemeldet“, fragt

mich am Montag meine Kollegin im Büro vor der Themensitzung. Ich muss lachen. „Du lernst Salsa?", fragt Beata, die gerade in den Raum kommt. „Das ist eine gute Idee. Da lernst du bestimmt neue Leute kennen." „Das war jetzt nicht ganz ernst gemeint von Melanie", erkläre ich. Aber vielleicht ist die Idee gar nicht so schlecht. Mal schauen. „Der Freund von Antonio war aber wirklich nett, oder?", frage ich nach. „Ist der auch Italiener?" „Nein, nein, der ist Tessiner. Er wirkte erst ganz schüchtern. Hat aber einen extrem trockenen, lustigen Humor. Er hat übrigens gefragt, ob wir mal alle etwas essen gehen wollen." „Das lass uns machen. Dann lerne ich mehr Tessiner außerhalb des Jobs oder der City Bar kennen." Ich breite meine Themenliste vor mir aus. „Das ominöse VIP-Zelt haben wir ja nicht gefunden ..." Ich streiche diesen Punkt also von meiner Liste. „Aber es war wirklich ein lustiger Abend." Wir waren erst in den frühen Morgenstunden wieder zurück in Locarno. Den Tag danach brauchte ich zum Erholen. Aber jetzt wäre ich fast wieder in Stimmung zu einer Karnevalsparty... „Dazu gibt es noch genug Möglichkeiten", erklärt mir Melanie. „Ab nächste Woche geht der ambrosianische Karneval los, der ist etwas zeitversetzt. Dann wird in Brissago und Chiasso gefeiert! Und in Italien. In Cannobio. Vielleicht auch in Cannero?" Ich schüttle den Kopf. „Nach Cannero will ich nicht fahren. Ich habe im Moment keine Lust, dort auf die Dorfjugend oder den Koch vom Gatto zu treffen." Während ich mit Matteo zusammen war, genoss ich ja so eine Art Immunität im Dorf. Aber jetzt machen die in der Bar höchstens hämische Bemerkung wegen der Trennung. Ich warte lieber, bis Nicole und das übrige Personal vom Gatto im März wieder da sind. Dann habe ich Rückendeckung. „Hast du schon eine Unterkunft für April gefunden?", fragt mich Beata. „Noch nicht", sage ich. „Aber ich bin dabei. Später schaue ich mir eine WG an." „Ich will dich ja nicht rauswerfen. Aber wir müssen renovieren."

Später am Tag arbeite ich mich zu Fuß den Hang hinter Locarno hinauf. Mein Thema für heute ist Kontrastprogramm zum Karneval. Ich soll mit einem Mönch im Kloster Madonna del Sasso oberhalb von Locarno über die Sanierungsarbeiten im Gebäude sprechen. Um mich einzustimmen, habe ich den mit Kapellen gesäumten Kreuzweg gewählt, der von der Altstadt aus bergauf zum Kloster führt. Ich hätte die Funivia oder den Bus nehmen können, aber ich wollte mich wie ein Pilger fühlen. Meine Hoffnung war, dass mir auf dem Weg ein paar originelle Fragen einfallen, die über „Wo wird saniert?" und „Was kostet es?" hinausgehen. Über die Madonna del Sasso weiß ich eigentlich nur, dass sie von Kapuzinermönchen bewohnt wird und ihren Namen erhielt, weil im 15. Jahrhundert einem Franziskanermönch auf einem Fels die Heilige Jungfrau erschien. Daraufhin ist an der Stelle das Kloster gegründet worden.

Oben stehe ich auf dem Platz vor der großen Kirche, wo ich schon einmal saß und auf Locarno schaute. Mir fällt ein, dass ich damals dachte, die Stadt könnte ein passender Wohnort für mich sein. Ein Schauer überfällt mich. Rückblickend kommt es mir wirklich so vor, als hätte ich eine Art Eingebung gehabt. Vielleicht hat dieser Pilgerort ja tatsächlich eine gewisse Kraft.

Da ich noch etwas Zeit habe, werfe ich einen Blick in die Kirche Santa Maria Assunta. Das Deckengewölbe mit seinen unzähligen Heiligen- und Engelsfiguren ist beeindruckend. Dem Gerüst zufolge sind die Restaurierungsarbeiten schon im Gange. Anschließend laufe ich zu dem angrenzenden Klosterkomplex hinüber.

Dort stehe ich vor einem Telefon. Von hier aus soll ich den Mönch in den Schlafgemächern der heiligen Stätte anrufen, damit er mich abholt. Ein Mann schwer zu schätzenden Alters öffnet die Tür. Er entspricht optisch exakt meiner Erwartung. Mit langem Bart und brauner Kutte sieht er aus, also ob er im Film „Der Name der Rose" mitgespielt hätte. Zu meiner Überraschung hat er dabei aber sehr ausdrucksvolle, sich flink bewegende Augen und ein nettes Lächeln, sodass er gar nicht so weltfremd und verstaubt wirkt, wie von mir befürchtet. Etwas erleichtert trete ich hinter ihm in die sonst dem Publikum verschlossenen Räume ein. Zwei Kanarienvögel zwitschern in einem Käfig.

Das gesamte Gespräch erweist sich als unerwartet unterhaltsam. Er sei Mitte vierzig, erzählt er, und gehöre damit zu den Jungspunden im Haus. „Es ist natürlich schon nicht immer leicht, wenn die Hälfte der Mitbewohner über achtzig Jahre alt ist", sagt er überraschend ehrlich. Er erzählt von seinem Alltag im Kloster, den Regeln, dem Glauben. Während er erzählt, frage ich mich insgeheim immer, wie er wohl seine Abende verbringt. Denn wenn es dunkel wird, lebt er doch in seinem Kloster genauso abgeschieden wie ich in Mergoscia. Nur dass er eine tiefe Ruhe ausstrahlt – während ich schon wieder panisch darüber nachdenke, wie ich das nächste Wochenende über die Runden bekomme. „Ich zeige Ihnen noch die heilige Madonnenfigur und das geschlossene Museum, das eines Tages wieder öffnen soll." Mit diesen Worten springt er auf und läuft vor mir durch die Flure. Als er in seiner Kutte den schneebedeckten Innenhof durchquert, stelle ich fest, dass er mit bloßen Füßen in offenen Sandalen steckt.

Ich warte vor der Haustür eines terrakottafarbenen Hauses in Verscio und habe gerade zum zweiten Mal geklingelt. Blumenkübel mit Stiefmütterchen stehen auf den Fensterbänken, eine noch wintertote Kletterrose rankt über die gesamte Hausfront bis zum Dachgiebel hoch. Blattlose, knorrige Obstbäume werfen lange Schatten in der Nachmittagssonne. Endlich bewegt sich etwas hinter der gläsernen Eingangstür, eine Person kommt aus einem hinteren Raum. Ich winke von draußen und mache auf mich aufmerksam. Schließlich war 15 Uhr als Termin abgemacht. „Ja, bitte?“ Mit diesen Worten öffnet eine etwas füllige, nicht mehr ganz junge Frau die Haustür. Sie hat Tomatensoße um ihren Mund verteilt. „Störe ich beim Essen?“, frage ich. „Nein, wieso?“, schaut sie mich erstaunt an. Dann gibt sie mir mit einem freundlichen Lächeln die Hand und bittet mich ins Haus. „Du kommst wegen des Zimmers, stimmt's?“ Wir treten ins Wohnzimmer, mein Blick fällt auf ein schwarzes, hölzernes Klavier. „Wird hier Musik gemacht? Wie schön.“ „Ja, das ist unser Gemeinschaftsraum. Das Klavier ist leider völlig verstimmt. Kennst du dich damit aus?“ Ich verneine. In dem Moment knatscht die Treppe, die in den ersten Stock führt. Ein Mann mit langen weißen Haaren und weißem Bart kommt herunter, nickt uns zu und verschwindet dann durch eine Tür nach draußen. Die Frau wendet sich mir wieder zu: „Dein Zimmer ist oben. Wir wohnen hier im Moment zu viert. Außer mir und Bert, den du eben gesehen hast, lebt hier noch ein alleinerziehender Vater mit seinem Sohn.“ Ich nicke. Wir laufen die Stufen in den ersten Stock. Die Frau öffnet eine Tür: „Das wäre dein Zimmer!“ Ich mache einen Schritt hinein – und stehe auch schon mitten im Raum, der damit voll ist. Ein Einzelbett und ein Schreibtisch stehen drin. Durch die Dachschräge ist der Stellplatz damit auch aufgebraucht. „Wir sind ja eh immer alle im Wohnzimmer“, sagt sie entschuldigend auf meinen entgeisterten Blick hin. „Das Zimmer ist ja nur zum Schlafen. Ich zeige dir noch das Bad.“ Als sie eine weitere Tür öffnet, schlägt mir feucht-muffige Luft entgegen. Überall liegt gebrauchte Sportkleidung herum. „Na ja, wie Teenager mit sechzehn so sind … Etwas chaotisch." Teenager? Ich hatte an einen Fünfjährigen gedacht. Als wir in der Küche ankommen, in der das Geschirr von drei Tagen in der Spüle steht, weist sie auf einen Zettel: „Das ist der Einkaufsplan. Wir gehen abwechselnd einkaufen und kochen abends immer zusammen. Wie gefällt es dir?" Ich zögere einen Moment, bevor ich antworte. Durch das Fenster sehe ich Bert im weißen Gewand, der im Garten mit geschlossenen Augen und weit geöffneten Armen offenbar meditiert. „Das Haus und der Garten sind toll …", sage ich. „Ich komme nur gerade zu dem Schluss, dass ich aus dem WG-Alter vielleicht doch spontan rausgewachsen bin …"

März

Vögel zwitschern um mich herum. Ein Bach plätschert in der Ferne. Es ist Sonntag, ich liege auf einem Liegestuhl auf der steinernen Terrasse des Rustico und lasse mir zu Chillout-Musik die Sonne ins Gesicht scheinen. Für einen Frühjahrstag auf rund 700 Höhenmetern ist es recht warm. Ich bin entspannt und stelle fest, dass mir das Alleinsein gar nicht mehr so schwerfällt. Ich habe neue Zukunftspläne. Morgen in der Redaktion will ich in der Mittagspause ein paar Bewerbungen per Mail rausschicken. Eine davon geht an den Verlag in meiner Uni-Großstadt, bei dem ich schon einmal ein Praktikum gemacht habe. Dort kenne ich zumindest die Ansprechpersonen. Ich weiß, wie lange die Warteschlange für ein Volontariat ist. Aber probieren kann ich es ja. Ich stelle die Musik aus und suche meinen Autoschlüssel.

Etwa zwei Stunden später stehe ich vor einer alten Mühle im Wald an einem Bach und halte mein Handy ans Ohr. „Erzähl! Was ist Aufregendes passiert?“ Ich hatte mich für einen Ausflug ins Muggiotal oberhalb von Chiasso entschieden, um mal diesen für mich unbekannten Fleck des Tessins kennenzulernen. Mit dem Auto kurvte ich von Mendrisio aus nach Morbio Superiore, das oberhalb von Morbio Inferiore liegt. Im unteren Ort liegt der Parco della Breggia, ein Geopark, den ich eigentlich heute als Erstes besichtigen wollte. Ich entschied mich dann aber um, weil ich bei dem schönen Wetter doch mehr Lust auf Bergpanorama hatte. Ich fuhr bis Muggio und bewunderte das Bergmassiv des Monte Generoso. Eine kleine Kirche gegenüber am Hang, um die herum eine Schafherde graste, sah aus wie das perfekte Fotomotiv für ein Kinderpuzzle. Dann drehte ich mit dem Auto um und parkte in Bruzella. Schon mehrfach habe ich für die *Tessiner Zeitung* über die historische Mühle an der Breggia, unten im Tal, geschrieben. Mehrmals pro Woche ist sie in Betrieb und mahlt auf traditionelle Weise Maismehl. Einmal wollte ich sie live sehen. Heute allerdings ist sie geschlossen. Das hat zumindest den Vorteil, dass außer mir kein Mensch vor Ort ist und ich das Plätschern des Bachs auf mich wirken lassen kann. Der Geruch und der Anblick der feuchten Felsen um mich herum, bewachsen mit Bäumen und Moos, geben dem Ort etwas Kraftvolles.

Dann riss mich das Klingeln des Handys aus der Ruhe. Es ist Nicole aus Deutschland. Ich freue mich, endlich etwas von ihr zu hören. Das Gatto macht Mitte März zur neuen Saison auf. Sobald Nicole in Cannero ist, werde ich zum Personalhaus fahren.Manchmal vermisse ich das Dorf und das Lokal. „Du machst es ja spannend", sage ich zu ihr. „Ich packe doch gerade Koffer und Umzugskisten. Ich komme zu nichts", antwortet sie lachend. „Ach, bringst du so viele Sachen mit? Ziehst du richtig her?", frage ich erfreut. „Warte!", unterbricht sie mich. „Ich habe dir doch erzählt, dass sich Nikolaos bei mir gemeldet hat. Wir haben uns dann auch getroffen!" „Ja, weiß ich doch." Sie berichtete mir neulich mal darüber. Und klang enttäuscht. „Er sei so komisch gewesen, meintest du." „Genau! Dann hat er mich noch einmal besucht und ich ihn. Du glaubst es nicht: Wir haben uns plötzlich super verstanden." „Hm, ja gut. Und weiter? Hat er mal erklärt, warum sie sich nicht mehr gemeldet haben?" „Ja, allerdings … Es gab einen triftigen Grund. Enrico saß wohl eine Weile hinter Gittern." „Wie bitte? Wieso das denn?" „Erinnerst du dich, dass sie erzählt haben, sie handeln mit Luxus-Whirlpools? Das war wohl nur die halbe Wahrheit. Enrico hat anscheinend noch andere Substanzen vertickt und ist am Tag nach unserem Ausflug an der Grenze festgenommen worden." „Und Nikolaos?" „Der dachte, sie verdienen ihr Geld mit Whirlpools ... Sie haben ihm geglaubt und ihn gehen lassen." Puh, ein bisschen komisches Gefühl hatte ich ja von Anfang an bei den beiden. „Da war Nikolaos sehr ehrlich zu dir. Und jetzt? Habt ihr noch Kontakt?" „Na ja, jetzt ziehe ich zu ihm." Mir verschlägt es fast die Sprache. „Du gehst nach Griechenland?" „Quatsch. Nach Paderborn. Da wohnt er doch. „Ja ..., aber ..., was ist mit Cannero?" Nicole spricht weiter: „Genaugenommen ist es eine Neubausiedlung in einem Vorort. Sehr hübsch ... Weißt du nämlich, was noch passiert ist? Ich bin schwanger!" Jetzt bin ich platt. Darauf fällt mir nichts mehr ein. „Und deswegen ziehen wir jetzt zusammen. Ich freue mich so. Auch wenn ich ein wenig traurig bin, dass ich jetzt nicht mehr im Gatto arbeiten kann." Das bin ich auch.

Mein nächster Termin bringt mich mal wieder ins Zentrum von Lugano. Wegen einer Straßensperrung fahre ich diesmal von einer ganz anderen Seite in die Stadt hinein. Der Weg führt am Stadion in Cornaredo vorbei. Mir fällt ein, dass ich über ein weiteres Großprojekt in Lugano gelesen habe. Das ganze Quartier soll auf dem Reißbrett neu geplant werden, mit Sportanlagen, Grünzonen und vor allem in die Höhe gezogenen Wohn-, Büro- und Verwaltungskomplexen. Für die einen ist es visionäres Bauen, um im Stadtgebiet Raum zu gewinnen. Ich sehe eher das Risiko, dass ein Paradies seine Identität verliert. Aber natürlich müssen auch hier die Menschen Platz zum Wohnen und Arbeiten haben. Das darf man auch angesichts der traumhaften Landschaft nicht vergessen.

In der Nähe der Seepromenade parke ich. Um zehn Uhr bin ich mit dem Direktor eines größeren Unternehmens für ein Interview verabredet. Der Themenvorschlag kam vom Chefredakteur, der gehört hat, dass dieses unter den einbrechenden Touristenzahlen leiden würde. Kein angenehmes Thema natürlich. Doch bei der Terminabsprache am Telefon war der Direttore sehr zugänglich und bestätigte mir bereits die Probleme. Eine junge Frau lächelt mir am Empfang freundlich entgegen. Ich erkläre mein Anliegen: „Buongiorno. Ich komme von der *Tessiner Zeitung* und habe einen Interviewtermin mit dem Direttore." Sie nickt und will zum Telefon greifen. In dem Moment steht schon ein etwas älterer Herr in der Tür und kommt auf mich zu. „Sehr schön, sehr schön! Kommen Sie mit." Er leitet mich in eines der angrenzenden Zimmer mit großem Schreibtisch und schließt hinter sich die Tür. „So, dann erklären Sie doch noch einmal kurz, worum es geht." Ich konzentriere mich wieder auf mein Italienisch: „Wie gesagt, wir wollen die Situation Ihres Unternehmens analysieren. Es heißt, der Rückgang der Übernachtungszahlen mache sich auch bei den von Ihnen angebotenen Aktivitäten bemerkbar. Vielleicht können Sie mir einen kleinen Überblick über die Geschäftszahlen geben und erläutern, wie Sie damit umgehen." Ich zücke meinen Kugelschreiber, halte meinen Karoblock A5 in der Hand und warte gespannt. „Verstehe", sagt mein Interviewpartner. „Nun ist es so, dass wir gar keine Probleme haben. Wir haben viele Stammkunden und in keiner Weise irgendwelche Rückgänge. Im Gegenteil. Wir konnten unsere Geschäfte steigern und viele neue Initiativen lancieren." Ich schaue ihn überrascht an. „Ach ja? Das klang aber am Telefon ganz anders ..." „Schauen Sie mal hier", unterbricht er mich und reicht mir einen bunten Prospekt. „Das sind unsere Veranstaltungen zu Ostern und zum Muttertag. Das haben wir ganz neu im Programm. Jetzt auch mit Kaffee und Kuchen." „Ja, aber ..." „Oder hier ..." Er greift wieder hinter sich ins Regal. „Hier können Sie Sonderveranstaltungen buchen. Auch für Hochzeiten. Das ist sehr gefragt." Ich schaue verwirrt auf die Prospektsammlung vor mir auf dem Tisch. „Haben Sie denn Geschäftszahlen? Denn wenn es so gut läuft, sind Sie in der Tourismusbranche ja eine goldenen Ausnahme." „Natürlich. Wir hatten seit Anfang des Jahres schon vierzig Prozent mehr Gäste." Ich nicke nachdenklich. Überzeugt bin ich nicht, zumal ja auch mein Chef seine Informationen irgendwoher bezogen haben muss. Aber ich kann schließlich nicht das Gegenteil behaupten, wenn der Direktor mir die Situation so darstellt. „Schreiben Sie auch ruhig schon etwas zu unseren Weihnachts- und Silvesterveranstaltungen. Andere Betriebe sind im Winter geschlossen, aber wir haben großartige Angebote!"

Am Nachmittag beginne ich in der Redaktion meinen Text zu schreiben. Wie zu erwarten war, fällt mir nichts Richtiges ein. Lorenzo, der Grafiker, den ich immer in der Bar treffe, steht plötzlich im Raum. „Hallo, ich komme wegen der Fotos." „Ach ja", sage ich leicht genervt. Ich muss meine noch nicht existierende Geschichte ja auch noch bebildern. „Gut wäre, wenn wir den Direktor über dem Text hätten", erkläre ich. „Denn mit dem habe ich geredet." „Schauen wir gleich mal auf deinem Rechner im Archiv der Fotoagentur nach", sagt der Grafiker. Und setzt plötzlich hinterher: „Du suchst doch eine Wohngemeinschaft, stimmt's?" „Äh, ja", sage ich überrascht und schaue ihn an. „Bis Anfang oder Mitte Mai. Wieso?" „Ich dachte, du könntest bei mir ein Zimmer mieten." „Ach, das wäre möglich? Wo wohnst du denn?" „In der Altstadt in Locarno. In einer viel zu kleinen und teuren Wohnung." Ich schaue ihn verwirrt an. „Und wie soll das gehen?" „Ach so", lacht er. „Ich will eine WG gründen. Ich habe nämlich eine passende Anzeige gesehen. Im Sommer könnte ein Freund von mir miteinziehen. Bis dahin bräuchte ich aber jemanden für das Zimmer. Sonst kann ich es nicht bezahlen." „Das wäre für mich schon interessant", sage ich. „Es ist nämlich nicht einfach, für einen Monat etwas zu finden. Ferienwohnungen und Hotels sind zu teuer. Wo soll denn diese Wohnung sein?" „Genaugenommen sind es zwei Rustici im Verzascatal. Nicht besonders modern, dafür mit Garten am Wald. Perfekt für den Hund." „Klingt gut", sage ich. „Hast du dir die Häuschen schon angeschaut?", will ich wissen. „Noch nicht. Vielleicht hast du Lust, morgen in der Mittagspause mal hinzufahren. Ich habe nämlich kein Auto." Er denkt nach. „Später könnte ich mir von dem Geld, das ich bei der Miete spare, eines kaufen. Ansonsten fahren ja auch überall Busse." „Klar, ich komme morgen mit." Die Idee gefällt mir. „So, pass auf, hier sind die Fotos", sagt Lorenzo dann. „Hier ist der Direktor. Soll ich das Bild gleich nehmen?" Ich schaue drauf. „Nein, das ist er nicht. Der Mann war älter." Lorenzo sucht weiter. „Also unter *Direttore* finde ich immer nur den." Ich betrachte die Bilder genauer. Merkwürdig. Doch wenn ich es mir so recht überlege, passt der junge Mann auch besser zu der Stimme, die ich vor dem Termin am Telefon hatte. Langsam dämmert es mir. Ich greife zum Telefon und tippe die Nummer, die ich am Vortag gewählt habe. Es meldet sich namentlich der Direktor. „Guten Tag, ich bin von der *Tessiner Zeitung*. Ich war doch heute für das Interview da ..." „Ja?", fragt der Mann am anderen Ende der Leitung. „Ich habe Sie erwartet, aber Sie sind nicht gekommen." „Tja, das ist ja das Verrückte. Ich war da. Ich habe auch mit jemandem gesprochen. Aber mit wem? Ein älterer Herr hat mich am Empfang abgeholt und auf meine Fragen geantwortet." Der Mann am anderen Ende der Leitung seufzt laut. „Das war dann unser *Presidente*. Der wollte das Interview wohl übernehmen." „Ich habe es erst jetzt bemerkt, als ich ein Foto von Ihnen sah. Sie sagten doch, dass Ihr Unternehmen wegen rückgängiger Besucherzahlen in Schwierigkeiten steckt? „Das stimmt. Wir können eventuell nicht alle Arbeitsplätze halten." „Gut, dann wäre ich froh, wenn Sie mir das jetzt ausführlicher erklären könnten ..."

Zwei Tage später sitze ich mittags am Steuer meines Autos und blicke vor mir auf die gigantische Staumauer des Verzascatals. Sobald ich den Kopf nach rechts drehe, schaue ich direkt in die Augen eines schwarzen Hundes, der mir entgegenhechelt. „Geht das da mit Oskar im Fußraum?", frage ich. „Ja, ja, das passt!", antwortet Lorenzo. „Das machen wir immer so, wenn wir irgendwo im Auto mitfahren." „Er kann sich ruhig auf den Rücksitz legen", sage ich zum wiederholten Mal. Lorenzo schüttelt vehement den Kopf. „Bloß nicht, er macht alles dreckig." Ich schaue nach hinten ins Auto, wo sich diverse Jacken, Schneeschuhe, Prospekte, Landkarten und ausgefüllte Schreibblöcke türmen. „Weiß nicht, ob er da noch viel anrichten kann ..." Nach mehreren Kehren fahren wir am Parkplatz des Stausees vorbei, wo etliche Autos mit auswärtigen Nummernschildern stehen. Die 220 Meter hohe Mauer, die als Kulisse für den James Bond-Film „Goldeneye" berühmt wurde, ist wie immer Touristenmagnet, auch wenn zu dieser Jahreszeit keine halsbrecherischen Bungeesprünge stattfinden. Bei meinem ersten Besuch wunderte ich mich über die Telefonzelle vorne an der Mauer. Bei genauerem Hinsehen stellte ich fest, dass es nur eine einzige Nummer zum Anrufen gibt – und zwar die von der Telefonseelsorge. Es müssen sich schon Dramen vor diesem Abgrund abgespielt haben.

Die zwei Rustici, die gemeinsam vermietet werden sollen, sind nicht weit von der Staumauer entfernt. In Vogorno biegen wir von der Kantonsstraße ab und fahren in den höheren Teil des Dorfes. Die Häuser am Hang in Waldnähe mit ihrer charakteristischen Holz- und Steinarchitektur finden wir relativ schnell. Anders als „mein" Rustico in Mergoscia sind sie aber nicht totalsaniert, sondern in noch recht ursprünglichem Zustand. Da sie als „ganzjährig bewohnbar" ausgeschrieben sind, scheinen sie zumindest über Heizung und weitestgehend isolierte Fenster zu verfügen. Dem Hund gefällt es spontan, als wir aussteigen, was er damit verdeutlicht, dass er die Büsche im Garten markiert. Ich schaue etwas besorgt auf den Vermieter, der uns auf der steilen Außentreppe entgegenkommt. Doch der begrüßt den Hund sehr freundlich.

In den Häusern, die schräg übereinanderliegen und sich eine breite Holzterrasse teilen, dafür aber über getrennte Wohneinheiten mit jeweils zwei Zimmern verfügen, riecht es leicht modrig und nach Heizöl. Es gibt jeweils einen Kamin und eine Einbauküche. Die Fenster sind, wie in allen Rustici, klein. Dafür bietet der Blick ein überwältigendes Talpanorama. Ich kann schräg gegenüber auf Mergoscia schauen. Vor ein paar Wochen noch hätte ich belustigt abgewunken bei dem Vorschlag, hier im engen Tal in eine solche Hütte zu ziehen. Seit meinem Exil in Mergoscia kann ich aber dem Leben inmitten von Natur und Bergpanorama etwas abgewinnen. Die Miete pro Person ist sehr günstig. Das wäre es auch wert, die Einkäufe jedes Mal die steile Gartentreppe hochzuschleppen. Mit dem Hund könnte ich direkt auf den vielen Wanderwegen rund ums Dorf loslaufen. Es wäre sicher schön, den April hier zu verbringen. Das Verzascatal fasziniert vor allem durch seinen wilden Fluss. Die in Fels gefassten, smaragdgrünen Wasserbecken laden wie riesige Naturpools zum Schwimmen ein. Das Baden in der eiskalten Verzasca ist wegen der unterirdischen Strömungen und Strudel allerdings nicht ganz risikolos. Die traurigen Schlagzeilen des letzten Sommers kenne ich aus dem Redaktionsarchiv. Doch das Tal verfügt noch über andere Touristenmagnete. Dazu gehören die steinerne Römerbrücke in Lavertezzo und das malerische Dorf Sonogno mit seinem historischen Ortskern ganz am Ende der Straße.

„Ist ja cool", sagt Lorenzo, während er sich umschaut. „Tausendmal besser als mein überteuertes Loch in der Stadt." Ich nicke. Seinem späteren Mitbewohner wird es sicher auch gefallen. Wie ich verstanden habe, will der vor allem einen großen Garten, um Gemüse anzubauen. „Wie ist das denn mit Internet?", höre ich den Grafiker fragen. Der Vermieter winkt ab: „Einen Telefonanschluss haben wir hier nicht. Aber das macht doch nichts. Inzwischen haben ja alle Handy." „Hm, aber ich brauche Internet", sagt Lorenzo nachdenklich. Ich werfe ein: „Da lässt sich sicher eine Lösung finden ..." „Und ich weiß nicht, wie ich zur Arbeit komme", überlegt Lorenzo weiter. „Das dauert sicher ewig mit dem Bus. Über Mittag muss ja jemand mit dem Hund gehen." „Du wolltest dir doch eventuell ein Auto anschaffen", erinnere ich ihn. „Stimmt. Aber ich habe ja gar keinen Führerschein ..." Wir rufen den Hund und steigen wieder ins Auto.

Es ist Samstagmorgen. Ich bin auf der Suche nach mir selbst und trage dazu rote Wasserfarbe auf eine Staffelei auf. Damit mein Unterbewusstsein über den nächsten Farbton entscheiden kann, horche ich in mich hinein. So hat es die Kursleiterin des Wochenendseminars vorgegeben. Ich höre aber nichts. Also wähle ich Gelb, die Farbe des Sonnenlichts. Im Hinblick auf die spätere tiefenpsychologische Analyse meines Charakters gehe ich damit sicher kein Risiko ein. Meine Aufmerksamkeit wird auf eine andere Kursteilnehmerin gelenkt. Sie steht auf der Terrasse und spült ihr Bild mit dem Wasserschlauch ab. Dann tritt sie mit den Füssen darauf herum, während ihr Tränen die Wangen herunterlaufen. Weil die anderen Kursteilnehmer ungerührt und völlig versunken weitermalen, versuche auch ich mich weiter auf meine Malerei zu konzentrieren. Die Frau auf der Terrasse behalte ich aber besser im Auge.

Ich nehme an einem Kurs teil, den ich aus dem Veranstaltungskalender der *Tessiner Zeitung* gefischt habe. Mein Plan war es, das Vakuum in meinem Privatleben mit Kulturveranstaltungen zu füllen. Ich habe entschieden, zum Auswahlkriterium nicht persönliche Vorliebe, sondern Schrägheit und Originalität zu machen. Das erschien mir für das ergiebigste Angebot zu sorgen. Auf der Suche nach lohnenswerten Events fiel mir auf, dass ein Großteil der Aktivitäten im Tessin, vor allem solche in deutscher Sprache, mit kreativer Selbstfindung zu tun hat. Meditation am See, „Mit Bäumen träumen" im Onsernonetal, „Kunst mit Kettensägen" an der Bildhauerschule im oberen Maggiatal, „Wildkräuter sammeln" und „Wandern zu Kraftorten" im ganzen Tessin – für jeden Geschmack ist etwas dabei. Wer an den Kursen teilnimmt, macht dies gemäß den Veranstaltern nicht nur wegen des Erlernens neuer Handwerkstechniken oder Sachinformationen, sondern vor allem wegen des Abstands zum Alltag.

Am Monte Verità, auf einem Privatgrundstück, wird in diesem Sinne gemeinschaftlich gemalt. Am Ende des Tages sollen die Bilder analysiert und ins Verhältnis zu unserer Tages-Engelskarte gesetzt werden. Ich erhoffe mir wichtige Erkenntnisse. Schließlich ist meine Zukunft im Moment offen wie noch nie.

Eigentlich mache ich den Malkurs im Rahmen einer Reportage. Ziel ist es zu zeigen, dass es am Monte Verità in Ascona heute noch individuelle, kreative Aktivitäten gibt, die sich nicht allein auf die offiziellen akademischen

Seminare und Vorträge in dem Hotel oben auf dem Berg beschränken. Der „Berg der Wahrheit" ist einer der wichtigsten Orte in der Kulturgeschichte des Tessins. Hier entstand um das Jahr 1900 eine alternative Lebensgemeinschaft und Künstlerkolonie, eine Hippiekommune, die Zufluchtsort für Weltverbesserer und Querdenker war und sich über die Jahre zum Sanatoriumsbetrieb ausweitete. Jeder im Tessin kennt die historischen Fotos mit Menschen, die nackt in der Sonne tanzen oder Gartenarbeit verrichten. Doch das Leben auf dem Hügel oberhalb von Ascona war weitaus komplexer. Der Berg wurde zum Magnet für Künstler, vor allem nach Ausbruch des Ersten Weltkriegs.

In der Mittagspause schaue ich mir den Ort, wo diese freien Geister gelebt haben, genauer an. In dem Park rund um das Bauhaus-Hotel aus dem Jahr 1929 sind noch die hölzernen Unterkünfte zu entdecken: die Licht-Luft-Hütten und das Elisarion. Die Sonne scheint mit voller Kraft auf die Parkanlage hinunter. Ich kann mir vorstellen, was für ein Paradies dieser Berg für die Menschen Anfang des 20. Jahrhunderts als Gegenwelt zum industrialisierten und urbanisierten Norden gewesen sein muss. Von dem Horror der Kriege nicht zu sprechen. Heute noch wird dem Monte Verità eine besondere Kraft nachgesagt. Ist es ein Magnetfeld im Boden oder die besondere Lage am See, die einem Feng Shui-Experten die Freudentränen in die Augen treibt? Seit ich im Tessin bin, habe ich schon viele Theorien gehört.

Getanzt wird bei unserem Wochenendseminar auch. Im Garten in der Sonne machen wir „spontane Bewegungen zur Musik". Die Kleider bleiben dabei an. Inzwischen hat auch die Frau auf der Terrasse ihr Kunstwerk vollendet und die inneren Dämonen besiegt. Lächelnd hebt sie ihr Bild hoch ins Sonnenlicht, um es besser betrachten zu können. Wahnsinn, denke ich. Das abstrakte Gemälde mit seinem verwischten und zerknitterten Farbspektakel drückt eine solche Kraft und Schönheit aus, dass ich es mir zur Inspiration eingerahmt an die Wand hängen würde. Die Frau ist ansonsten Sachbearbeiterin bei einer Krankenkasse in Deutschland. Ohne das Ventil des kreativen Malens im Tessin würde sie wahrscheinlich eines Tages am Schalter ihrer Versicherung implodieren. Das besagt in etwa auch die abschließende Analyse ihres Bildes. In meinem Fall kommt die Kursleiterin zu dem Schluss, dass „tief in mir drin eine verborgene Kreativität schlummert, die den Weg nach draußen sucht". Mit der „Engelkarte der Wahrheit" in der Hand verlasse ich den Kurs. Als Journalistin solle ich die Dinge benennen, wie sie sind, lautete dazu die Interpretation des Kurses. Ich muss der Wahrheit ins Gesicht schauen, denke ich für mich selbst. Das beziehe ich auf meine noch unklaren beruflichen Pläne und die Tatsache, dass Matteo sich wohl nicht mehr besinnen und reumütig zu mir zurückkommen wird.

Ein paar Tage später. Ich will gerade in Rivera auf die Autobahn abbiegen, als mein Handy klingelt. Eine Nummer aus Deutschland. „Hallo?" „Hallo! Hier ist Jürgen vom *Tageblatt*. Wie geht's?" Vor Schreck verpasse ich die Autobahnauffahrt und fahre geradeaus nach Rivera rein. Vor einem Betongebäude, bei dem ich nicht weiß, ob es sich um eine Industriehalle, ein Bürogebäude oder ein nicht fertig gebautes Mehrfamilienhaus handelt, halte ich an. Wind pfeift um das Auto herum. In diesem Hochtal zwischen Locarno und Lugano ist immer Durchzug, wie ich feststelle. Von weitem sehe ich die kleinen Seilbahngondeln hoch auf den Monte Tamaro schaukeln. Meine Hände werden bei dem Anblick schweißnass. Vielleicht liegt es aber auch am

Telefonat. „Mir geht es gut! Ich fahre gerade zu einem Termin." Ein wenig geschäftig tun, kann sicher nicht schaden. „Dann will ich dich nicht lange stören. Ich habe deine Bewerbung gerade vor mir liegen. Willst du also zu uns zurück?" Ich höre Jürgen lachen. „Hat dich das Kantinenessen nicht ausreichend abgeschreckt?" „Das Praktikum war doch sehr interessant damals", sage ich. „Ich würde gerne wieder bei euch arbeiten." „Das finde ich gut", sagt er. Ich bin immer noch überrascht. Bei der Flut an Bewerbungen, die in der Redaktion eintreffen, wundert es mich, dass er mein Schreiben überhaupt wahrgenommen hat. „Es ist so", spricht Jürgen weiter, der in der Personalabteilung arbeitet und eine sehr nette, gleichzeitig omnipräsente Figur in dem deutschen Verlagshaus ist. Auch als Praktikantin kannte man nach dem ersten Besuch in der Kantine seine Lebensgeschichte. „Hier beim *Tageblatt* in der Stadt sind wir natürlich voll belegt. Aber wir haben ja noch unsere Regionalblätter. Kennst du ja. Da brauchen wir Leute, erst einmal auf fester-freier Basis. Würde dich das interessieren? Von dort könntest du dann später hier in die Stadt wechseln für ein Volontariat. Intern ist das einfacher." „Ja, klar", sage ich. „Das wäre ja super." Immerhin könnte ich in meiner Unistadt wohnen.

„Wo genau bist du jetzt?", fragt Jürgen. „In Rivera ... Also im Tessin." Ich frage weiter nach. „Wann könnte ich denn da anfangen? Und wie sieht das aus mit ..." „Gibt es da nicht auch Palmen?", unterbricht mich Jürgen. „Ja, hier sind Palmen. Nicht gerade hier, wo ich parke, aber unten am See. Ich wollte noch wissen ..." „Ist das nicht an der italienischen Grenze?" „Ja, die Grenze kann ich quasi sehen ..." „Und immer gutes Wetter, oder?" „Schon. Zumindest besser als in Norddeutschland. Aber das lässt sich schwer vergleichen, in einer Großstadt hat man ja viel mehr Möglichkeiten ..." „Toll. Was willst du dann eigentlich hier?"

„Jeder nur ein Kreuz!" Ich kann nicht anders, als das zu denken, als ich wenig später in Mendrisio im Innenhof des Kunstmuseums stehe. Zwei junge Männer in Laken gehüllt und mit Sandalen bekleidet stehen diskutierend vor zwei großen Holzkreuzen. Neben mir probiert ein Mann eine römische Rüstung an. „Stoooop!", ruft mein Interviewpartner einer Gruppe Kinder zu, die eine Leiter in der Hand halten. „Noch einmal zurück bitte. Langsamer laufen!" Dann dreht er sich wieder zu mir. „Was wollten Sie zu Jesus wissen?" „Ob der auch hier ist." Er zieht die Augenbrauen hoch. „O nein. Den darf doch noch niemand sehen." Dann schaut er sich schnell nach rechts und links um und flüstert: „Der übt ganz alleine in der abgeschlossenen Kirche."

Mein Termin führte mich zu den Vorbereitungen der historischen Osterprozessionen in Mendrisio. Rund 200 Einwohner wirken jedes Jahr am Gründonnerstag bei der Leidensgeschichte Christi mit, über 850 Teilnehmer sind es bei der klassischen religiösen Prozession am Karfreitag, Pferde noch nicht mitgezählt. Keine Frage, dass es sich bei den beiden Veranstaltungen um das Jahreshighlight in Mendrisio handelt, das alljährlich Tausende von Besuchern anzieht. Ich freue mich schon darauf, denn mir wurde für beide Tage ein Journalistenplatz auf der Tribüne zugesichert. Es soll eine sehr stimmungsvolle Veranstaltung sein, heißt es. Als Spoiler erfuhr ich: Nach Einsetzen der Dunkelheit gehen die Lichter aus. Trompetensignale und das Klappern von Pferdehufen kündigen dann den Beginn der Passionsspiele an. Auf seinem Weg durch die Gassen zum Ölberg wird Jesus mehrfach stürzen. Die Kostüme haben historischen Wert. Sie wurden 1898 von der Mailänder Scala erworben. Vielleicht habe ich Mendrisio Unrecht getan, denke ich mir, als ich nach meinem Interview durch die Gassen der Altstadt zurück zum Auto laufe. Mein Eindruck, dass der Ort nur aus Gewerbegebieten besteht, bestätigt sich nicht. Der Ortskern ist wirklich hübsch – und steht schon ganz im Zeichen des bevorstehenden Großereignisses. Über den Wegen, an Wohnhäusern und in Schaufenstern hängen bereits historische Transparente mit Darstellungen heiliger Szenen, die am Freitag von innen beleuchtet werden. Auch während des Umzugs werden solche Transparente und Laternen mitgeführt. Die kostbaren Objekte, die zum Teil aus dem ausgehenden 18. Jahrhundert stammen, können im Vorfeld der Veranstaltung im Museum begutachtet werden.

„Bis Ende April kannst du ruhig doch noch in dem Rustico bleiben", sagt Beata zu mir in der Kaffeepause. Die Handwerker können ohnehin erst im Mai kommen. Wir selbst sind an den nächsten Wochenenden gar nicht im Tessin." „Super!", sage ich. „Bisher habe ich auch nichts Bezahlbares gefunden. Und Lorenzo ist mit seiner WG-Gründung noch nicht weitergekommen. Bei allem, was er sich angeschaut hat, gab es einen Haken. Manchmal war auch nur der Garten für den Gemüseanbau zu klein." „Gemüse?" „Ja, sein Freund will gärtnern. Davon lebt der wohl." Ich bin erleichtert, dass ich aus Mergoscia noch nicht wegziehen muss. „Wie lange arbeitest du noch hier?", fragt Beata. „Diesen Monat noch", erkläre ich. „Dann fange ich als feste Freie in Deutschland an. Mit Aussicht auf ein Volontariat." „Super", sagt sie. „Schön, dass du so schnell etwas gefunden hast." „Ja", sage ich. Dann setze ich hinterher: „Bin gespannt, wie es bei euch weitergeht!" „Wieso?", fragt Beata. „Na ja ..." Ich schaue vorsichtig um die Türecke, dass auch keiner mithört. Und flüstere: „Mit Daniel als neuem Chef ..." „Waas?", fragt sie. „Wie kommst du denn da drauf?" „Pssst", zische ich. „Wusstest du es nicht? Dann habe ich es nur Melanie erzählt. Es ist wohl noch nicht offiziell. Aber Daniel selbst hat neulich eine Andeutung gemacht. Ganz arrogant. Und Lorenzo hat ihn zufällig im Gespräch mit dem Chefredakteur gehört." „Ach herrje!", sagt Beata. „Das kann ja was werden. Aber warten wir es erst einmal ab." Dann wechselt sie das Thema: „Was machst du Ostern? Das ist ja schon in einer Woche." Ich seufze. „Ostern selbst habe ich nichts vor. Das wird komisch an einem so ein langen Wochenende. An Gründonnerstag und Karfreitag bin ich dafür abends in Mendrisio bei den Prozessionen. Vorher kommt aber noch für drei Tage eine Freundin zu Besuch."

April

„Schön hier. Es ist der erste Platz mit richtig Urlaubsfeeling." Meine Freundin aus Deutschland hält ihr Gesicht in die Vormittagssonne. „Besser als diese komische Bar, in die du mich gestern Abend geschleppt hast." Der Kellner bringt zwei Cappuccini und stellt sie vor uns ab. „Grazie mille", bedankt sich meine Freundin. „Du kannst deutsch sprechen", sage ich zu ihr. „Hier in Ascona besteht sonst das Risiko, dass die Kellner dich nicht verstehen. Zumindest behaupten das die Tessiner." „Was machen wir jetzt?", fragt Janina. „Willst du denn wirklich zu einem Kloster?" „Ja, wir müssen ungefähr eine halbe Stunde fahren. Das Kloster liegt auf einem Felsen oberhalb von Claro in der Leventina. Du bist mit dem Zug vorbeigefahren, als du kamst." Sie zuckt mit den Schultern. „Habe ich nicht drauf geachtet." Mich dagegen hat dieser Ort neugierig gemacht, als ich ihn bei meiner Anreise aus dem Zugfenster sah. Nur dass ich damals natürlich noch nicht wusste, dass es sich um ein Benediktinerinnenkloster handelt.

Zum ersten Mal bin ich vergangene Woche für einen Pressetermin im Kloster Santa Maria Assunta gewesen. Es ging, wie schon bei der Madonna del Sasso, um Sanierungen und die Eröffnung einer Ausstellung. Leider kam ich viel zu spät, weil ich mit dem Auto anfangs den Zufahrtsweg, einen kleinen unscheinbaren Forstweg, nicht fand und es in meiner Verzweiflung zu Fuß über einen alten, grob gepflasterten Saumpfad probierte. Der war wenigstens ausgeschildert. Schnell wurde mir aber klar, dass das nicht der Hauptweg zur Pressekonferenz sein konnte. Oben am Kloster, das abgeschottet wie ein Burg liegt und Besucher nur in einer Kapelle und einem eigens eingerichteten Empfangsraum empfängt, stand ich vor verschlossenen Toren. Ein Fotograf einer anderen Zeitung, der ebenfalls zu spät war, zögerte nicht lange und kletterte über eine Absperrung. Ich lief vor Schreck hinterher. Wir landeten in den Schlafgemächern der streng in Klausur lebenden Nonnen, wo er durch lautes „Hallo, ist hier jemand?“ eine sehr menschenscheue, alte Schwester aufschreckte. Anders als die Bewohner des Kapuzinerklosters über Locarno, die an Touristen- und Pilgergruppen gewöhnt sind, leben die Nonnen im Kloster Claro wirklich völlig zurückgezogen auf ihrem Felsen. Zumindest konnte uns die Frau aber sagen, wo sich die Pressegruppe gerade aufhält. Seit dem Besuch habe ich mir vorgenommen, noch einmal in Ruhe wiederzukommen.

Eine Stunde später parken wir in Claro am Fuße des Berges. Hier geht der kleine Saumpfad los. Ich hole meine neuen Wanderschuhe aus dem Auto, über deren Anschaffung ich sehr stolz bin. Mein Plan ist es, den Pilgerweg hochzulaufen. Der Fußweg führt idyllisch und mit Panoramaausblick durch den frühlingshaften Kastanienwald. Durch das noch hellgrüne und teils spärliche Blattwerk wärmt uns die Sonne. Mein Handy summt. Eine SMS von meinem Arbeitskollegen. „Hab coole Anzeige für ein altes Haus über Locarno gefunden. Kommst du mittags mal mit zur Besichtigung?“ Stimmt. Dem muss ich ja noch sagen, dass ich für die letzten Wochen doch keine Unterkunft mehr brauche. Ich laufe den steilen Weg weiter und tippe dabei als Antwort, dass ich mich später bei ihm melde. Dann drehe ich mich zu Janina um. Die ist aber gar nicht zu sehen. Ich laufe ein paar Schritte zurück um eine kleine Kurve. Dort arbeitet sie sich gerade mit rutschigen Sohlen fluchend den Weg hoch. Vielleicht hätte ich ihr vorher hinsichtlich des Schuhwerks einen Hinweis geben sollen. „Sorry, ich habe nicht gemerkt, dass du den Anschluss verloren hast." „So ein Mist hier", sagt sie. „Auf diesen blöden Steinen kann doch kein Mensch laufen. Gibt es keinen anderen Weg hoch?" „Doch, aber ich dachte, der wäre schöner." Sie setzt sich schnaufend auf eine Bank. „Ist es noch weit?" „Keine Ahnung, ein kleines Stück müssen wir schon noch gehen." „Was erwartet uns denn eigentlich Spannendes da oben? Ein Kloster?" „Ja. Und eine Ausstellung. Über das Leben im Kloster." „O Mann, toll." Sie schüttelt genervt ihre Beine aus. „Na gut, gehen wir weiter."

Oben angekommen laufen wir ein Stück die Klostermauer entlang, bis wir an der Frontseite des Komplexes vor einer Kirche stehen und ins Tal blicken. Die Sonne brennt heiß auf uns herab. „Ich bleibe hier auf den Stufen, bräune mich und genieße die Aussicht", sagt Janina. Ich setze mich erst einmal zu ihr. „Weißt du schon, was du genau bei der anderen Zeitung machst?", fragt sie mich. „Ja klar", sage ich. „Ich kenne die Redaktion. Während meines Praktikums war ich mal einen Tag dort. Typischer Lokalzeitungsjournalismus. Scheckspende an den Kindergarten, Ratssitzungen, Umbau des Hallenbads, Landwirtschaft. Dort gibt es ja viel Rübenacker." Ich lasse meinen Blick über das Tal gleiten. Hier sind die Themen natürlich schon ein wenig anders. Statt Rübenacker gibt es Weinberge, statt Hallenbad Seen und Flüsse, Scheckspenden werden unter einer Million gar nicht erwähnt. „Guck mal da, die Nonnen!", werde ich aus meinen Gedanken gerissen. Zwei Ordensschwestern steigen aus einer winzigen Kabinenseilbahn. „Wir hätten mit einer Seilbahn hochkommen können?", fragt Janina lauernd. „Ich schau mir jetzt mal die Ausstellung an ...", erkläre ich und verschwinde in einem kleinen Anbau.

Dass der Gründonnerstag anders verläuft, als von mir gedacht, hätte ich schon ahnen können, als ich beim Aufstehen in Mergoscia Schneeflocken fallen sehe. Ich trete entsetzt ans Fenster und starre ins vernebelte Tal. Die Wolken nehmen mir den Blick auf Stausee und Lago Maggiore. Das gibt es doch nicht. War nicht für die ganze Woche Sonne angekündigt? Ich dachte wirklich, der Winter sei längst vorbei. Wir hatten schon so schöne warme Tage, an denen die Bienen in den Kamelien summten. Und nun wieder dieser lästige Schnee. Wenigstens gehen die Flocken in Brione sopra Minusio schon in Regen über, wie ich beim Autofahren feststelle. Im Wetterbericht höre ich, dass es zwar nicht den ganzen Tag, aber immer mal wieder zu Niederschlägen kommen soll. Es ist deutlich kälter als die Tage vorher. Abends für das Passionsspiel sollte ich mir eine Decke einpacken, denke ich mir.

„Übrigens weiß ich jetzt, wer mich da immer grüßt", sage ich zu Beginn der Redaktionssitzung zu Melanie. „Und mir ist auch klar, warum du ihn nicht kennst!" „Nämlich?" „Das ist der Schalterbeamte vom Ufficio stranieri. Bei dem habe ich eben gefragt, ob ich irgendwas beachten muss, wenn ich im Mai wieder nach Deutschland gehe." „Und?" „Nein! Muss ich nicht." Dann wende ich mich an den Chef: „Soll ich eigentlich heute Abend Fotos von der Prozession machen? Könnt ihr Bilder für das Archiv gebrauchen ...?" Melanie unterbricht mich und schüttelt den Kopf. „Nein, es findet keine Prozession statt. Es regnet doch. Eben kam schon das Pressekommuniqué." Ich schaue sie perplex an. „Wie bitte? Es fällt aus wegen Regen? So schlimm ist es doch gar nicht und soll auch weniger werden." „Hat der Veranstalter dir das nicht gesagt? Bei Nässe gehen die historischen Transparente und Kostüme kaputt. Das riskieren die nicht." „Ja, aber dann haben die doch morgen bei der zweiten Veranstaltung dasselbe Problem." „Eben. Die fällt auch aus!" „Och nö!" Ich weiß gerade gar nicht, wer mir mehr leidtut: die Dorfbewohner in Mendrisio, die ein Jahr lang Darsteller gecastet, Transparente restauriert, den Ort geschmückt, Werbung geschaltet und Pferde eingeritten haben, oder ich mir selbst, weil mein einziger Osterprogrammpunkt ins Wasser fällt. „Gehen wir nachher alle zusammen Mittagessen?", fragt Beata noch. „So als Einstimmung für das Wochenende?" „Ja, gerne!", antworte ich. Wenigstens das.

Um Punkt zwölf Uhr steht plötzlich Lorenzo bei mir im Büro. „Na? Wollen wir los?" Ich schaue auf die Uhr. „Ist es schon so weit? Kommst du auch mit zum Mittagsessen?" „Essen? Nein! Jetzt ist doch der Besichtigungstermin von dem Haus." O nein, denke ich. Ich wollte ihm ja gesagt haben, dass sich das WG-Thema für mich erledigt hat. „Daran habe ich gar nicht mehr gedacht. Bei mir hat sich die Situation verändert. Würdest du es auch alleine ansehen?" Lorenzo schaut nachdenklich. „Ohne Auto schaffe ich es in der Mittagspause nicht. Aber ist okay, macht nichts ...". Ich seufze und greife nach meiner Jacke. „Warte kurz!" Ich melde mich bei Beata für das Essen ab. Als ich zurück zu meinem Platz gehen will, kommt mir plötzlich eine Idee. Ich biege in das Zimmer von Daniel, der am Computer hockt und schnell das Browserfenster schließt, als ich eintrete. „Wann fährst du nachhaus in die Deutschschweiz?" „Morgen früh, wieso?" „Dann bist du heute noch da?" „Das heißt das wohl konsequenterweise!" „Gut. Würdest du mich dann heute Abend begleiten? Ich bitte dich drum. Den Rest erkläre ich dir später. Ich gebe dir auch Getränke aus." Daniel starrt mich überrascht an. „Tja ... Warum nicht?"

Als ich mit Lorenzo ein paar Minuten später im Auto sitze, liest dieser mir noch einmal die Anzeige vor: „Altes

Haus mit sechs Zimmern und großem Garten über Locarno zu vermieten. Sehr ruhige Lage, Seeblick." Die Miete ist niedrig, zumindest für ein so großes Haus. Der Grafiker ist skeptisch: „Normal kosten die Häuser am Hang das Doppelte oder Dreifache. Schauen wir mal. Wenn es nur renovierungsbedürftig ist, macht es nichts. Das kriege ich hin." Das Haus liegt ein Stück von der Straße entfernt und ist nur über einen schmalen Wanderweg zu erreichen. Wir laufen an verwitterten Steinmauern und verwunschenen Gärtchen mit üppigem Blumenwuchs vorbei. Es hat aufgehört zu regnen. Das Grün der Bäume wirkt plötzlich viel intensiver. Es riecht würzig nach Tannenwald. Tatsächlich entdecken wir den Hauseingang unter großen Bäumen. Weitere Gebäudeteile, die bunt zusammengewürfelt scheinen, stehen frei an einer Wiese. Würden irgendwo ein Pferd und ein Äffchen rausschauen, wäre ich nicht überrascht. Einen Haken kann ich beim besten Willen nicht entdecken. Scheint aber Geschmackssache zu sein, denn die weiteren Interessenten, Tessiner Eheleute, machen geschockte Gesichter. Ihre Miene verfinstert sich von Raum zu Raum. Die Vermieterin erläutert die Aufteilung: „Wir stehen hier im 150 Jahre alten Kern des Hauses." Ich blicke durch die hohen Panoramafenster auf rot-weiß blühende Kamelien und hohe Palmen im dicht bewachsenen Garten. Die Sonne ist hervorgekommen, leichter Dunst steigt aus dem Dickicht empor. Der Grafiker nickt zufrieden. „Ideale Bedingungen für den Anbau!" Das Ehepaar schaut sich stattdessen skeptisch in den rosafarben und blau getünchten Zimmern um. „Wie wird denn hier geheizt?" Die Vermieterin erklärt sachlich: „Es gibt eine alte Elektroheizung. Die ist aber nicht besonders effektiv. Dieser Raum lässt sich eigentlich nur im Sommer nutzen. Ansonsten mit Öl." Reicht doch, denke ich mir. Draußen entdecke ich kleine urige Hütten. „Was ist da drin?"

„Ach, das sind ehemalige Esel- und Hasenställe. Die werden für Gartengeräte genutzt." „Kann man die eventuell abreißen?", fragt der andere Mann. „Nein. Das ist eine Erinnerung an unsere Tante, die hier lebte." Der Tessiner runzelt die Stirn und läuft in den Flur. „Was ist das für ein Raum?", fragt er dann die Vermieterin und weist auf eine alte Holztür. „Ach so. Das ist auch eine Art Abstellkammer, noch mit ein paar Utensilien der Familie. Die wird quasi nicht mit vermietet. Es sind allerdings ein paar Sicherungen drin." Der Mann schaut die Hausbesitzerin verwundert an, sagt aber nichts. Seine Frau schüttelt leicht den Kopf. Ich drehe mich zu Lorenzo um: „Warum sind die so negativ? Das ist doch romantisch schön hier. Klar, das Haus könnte renoviert werden. Aber das macht gerade den Charme aus." „Na ja, die Zeiten, in denen die Häuser hier alle so aussahen, ist noch gar nicht so lange her", antwortet der. „Vor allem in den Tälern. Viele Tessiner sind so aufgewachsen. Die haben dazu keine Lust mehr und wollen modernen Komfort." Ich denke nach. „Komisch. Bei mir ist es genau andersherum. Ich bin mit Zentralheizung und Komfort aufgewachsen und finde diese alten Häuser im Grünen total faszinierend. Fehlt nur noch ein Brunnen im Garten zum Wasserschöpfen." „Beschrei es nicht", sagt der Grafiker.

Nach dem Rundgang verabschiedet sich das Ehepaar eilig. Lorenzo schaut in der Küche in die alten Schränke. Es sieht aus, als ob die alte Tante der Vermieter nur kurz einkaufen gegangen ist – und nicht vor zehn Jahren schon verstarb. „Ob es hier Geister gibt?", frage ich im Spaß. „O ja", antwortet Lorenzo ganz ernst. Dann flüstert er: „Unten stehen ja auch Urnen im Schrank." „Urnen? In welchem Schrank?" „Der in dem abgeschlossenen Zimmer. Ich habe kurz reingeschaut. Es liegen auch lauter vergilbte Manuskripte mit deutschen Texten und Fotos drin.

Sieht aus, als hätte jemand einen Roman angefangen." Ich bekomme ein Kribbeln in den Fingern. Geheime Tagebücher? Unveröffentlichte Romane namhafter Exilschriftsteller? „Wenn du hier einziehst, musst du mich unbedingt mal einladen", sage ich. Lorenzo nickt. „Das wäre ideal hier. Auch für den Hund. Aber ich muss schauen, was mein Kumpel sagt. Ich fürchte, ihm ist der Garten zu einsichtig." „Um Tomaten anzubauen?" Er lacht. „Ich würde es eher ‚Kräuter' nennen."

Trotz des verpassten Mittagessens habe ich am Abend ganz gute Laune, als ich in der City Bar stehe. Es war spannend, dieses Haus anzuschauen. Es wirkte tatsächlich wie ein altes Künstleratelier. „Ecco ... Due birre e una grappa!", werde ich in meinen Gedanken unterbrochen. Der Barista in der City Bar reicht die drei Gläser über den Tresen. Ich schiebe alles weiter zu Daniel, der neben mir gelangweilt in einer Zeitung blättert. „Für mich bitte ein Wasser", rufe ich dem Barkeeper noch hinterher, der sich zum Gläserspülen schon wieder umgedreht hat. „So richtig motiviert bin ich nicht", sagt Daniel, während er zum ersten Bierglas greift. „Ja, ja, ich weiß", sage ich und stelle das Grappaglas näher vor ihn hin. „Hier, fang damit mal an." Wir stehen eine Weile schweigend an der Bar und trinken unsere Gläser leer. „Ich weiß gar nicht, was ich da soll", sagt Daniel dann. „Gar nichts weiter", erkläre ich. „Nur mitkommen." Mit diesen Worten stelle ich mein leeres Wasserglas ab, suche nach dem Autoschlüssel und erhebe mich. Daniel folgt mir seufzend.

Eine gute halbe Stunde später stehen wir vor der Laghetto-Bar in Cannero. „So, wir nehmen jetzt hier noch einmal einen Aperitivo", erkläre ich Daniel, der immer noch etwas grummelig guckt, aber zumindest schon einmal ohne weiteren Widerstand vom Auto durch die Gassen bis an den See mitgelaufen ist. Er nickt und tritt vor mir durch die sich automatisch öffnende Bartür. „Was ist denn das für ein Vogel?", höre ich ihn sagen. Die Bar ist komplett leer, nur Sandro steht im vollen Ornat, mit geflochtenen Zöpfen und Federschmuck, hinter dem Tresen und schaut überrascht auf. Gäste hat er wohl nicht erwartet. Ich freue mich ihn zu sehen. „Ciao Sandro, come va?" „Abbastanza male, grazie!", antwortet der trocken mit seinem Lieblingsspruch. „Einigermaßen schlecht, danke!" „Cosa bevete?" „Due birre", bestelle ich einfach mal. „Keiner hier?", frage ich weiter? „Nee. Livemusik im Gatto." Sandro schaut, während er spricht, verstohlen auf Daniel mit seiner Neunzigerjahre-Boygroupfrisur, der interessiert die Fotos vom Karneval 1982 an der Wand betrachtet. Ich stelle ihn aber extra nicht vor. „Die gesamte Dorfjugend ist wohl im Gatto", sage ich zu Daniel. „Wer?", fragt der. „Sind die alle so jung?" Ich schüttle den Kopf. „Der Begriff ist zeit- und alterslos. Komm, wir gehen mal rüber."

„Ich will mir vorher aber noch etwas ansehen", sage ich draußen und biege in eine Seitengasse ab, die zum Hang hochführt. Daniel läuft neben mir her. Seit dem Bier im Laghetto haben sich seine Gesichtszüge erkennbar entspannt. „Wieso, was gibt es denn hier zu sehen?", fragt er, als wir das Ziel erreichen. „Das ist das Hotel von meinem Ex. Ich bin jetzt doch mal neugierig, wie es nach der Umbauphase aussieht." „Ziemlich schön", sagt Daniel ohne jede Ironie, während er das Gebäude mit den bunten Farben und dem Blumenschmuck genauer betrachtet. Er zeigt auf die Eingangsstufen: „Cool, wie sie das mit den Treppenleisten gemacht haben. Sieht aus wie im Veneto." Ich muss zugegeben, es ist wirklich gelungen. Das ärgert mich ein wenig – aber verwundert mich nicht. Schließlich ist dieses Hotel Matteos ganzes Leben. Für mich unvorstellbar – was wahrscheinlich auch der Grund war, weshalb es mit uns gar nicht funktionieren konnte. Die Eingangshalle und die Fenster sind beleuchtet. Im Restaurant sehe ich Gäste sitzen. Um das Hotel herum ist es aber still. Das liegt sicher am Wetter, gerade fängt es wieder an zu tröpfeln. Eine mir unbekannte Frau in Arbeitskleidung taucht in der Einfahrt auf. Sie fängt an zu fegen und schiebt Regenwasser vom Eingang weg. Es erscheint mir typisch für Matteo und seine Mutter, dass sie hier abends noch putzen lassen. So schlimm sieht es doch gar nicht aus. „Lass uns weitergehen", sage ich zu meinem Kollegen. Wir wollen gerade in die nächste Gasse einbiegen, als Daniel stehen bleibt und mich fragt: „Ist das dein Ex? Der gehört zumindest zum Hotel." Ich drehe mich um und sehe einen Mann mit lichtem Haar und grüner Tweet-Jacke zu senfgelber Cordhose aus der Rezeption kommen und mit der Putzfrau sprechen. Er lächelt sanft, während er offenbar ein paar Anweisungen gibt, wo noch gereinigt werden muss. Ich verharre immer noch an der Hausecke und versuche, nicht zu sehr in den Lichtkegel der Straßenlampe zu geraten. Dann küsst er die Putzfrau plötzlich, steht noch ein wenig ungelenk in der Einfahrt herum, dreht sich dann um und schlendert zurück ins Hotel. Die Frau im Trainingsanzug nimmt ihre Arbeit wieder auf und lächelt dabei vor sich hin. Ich drehe mich zu Daniel zurück. „Und?", fragt der. „Nein, nein, das war er nicht!", sage ich, während ich versuche, Atmung und Puls unter Kontrolle zu bekommen. Wir gehen die Gassen wieder hinunter bis zum Gatto.

„Sieh an, wer da ist!", begrüßt mich Piedro, der gerade im Laufschritt mit einem Tablett Getränke an der Eingangstür vorbeieilt. „Willst du etwa helfen?", grinst er und rast auch schon wieder davon. Die Luft im Lokal ist feucht und stickig, was bei der Menge an Leuten kein Wunder ist. „Seid ihr etwa zum Essen gekommen? Ohne Reservie-

rung? Vor Ostern? Complimenti …!", ruft mir Piedro streng zu und schüttelt den Kopf. Ich muss lachen. Plötzlich steht Christa vor mir, die das Reservierungsbuch in der Hand hält. „Hey, hallo, besuchst du uns mal? Schön! Bist du noch im Tessin?" Sie gibt mir Küsschen rechts und links auf die Wange. „Habt ihr reserviert? Sonst wird es schwierig."
„Nee", sage ich. „Wir wollten nur mal gucken. Aber was ist denn hier los? Es ist doch erst Donnerstag? Was machen die alle hier?" „Ach, wir hatten die Idee, regelmäßig Livemusik zu bieten." Auf dem Plakat hinter ihr lese ich: Davide Van De Sfroos. „Echt, frage ich? DER kommt her?" Daniel schaut mich überrascht von der Seite an. „Wieso, wer ist denn das?" „Hey, das ist doch der berühmte Dialektsänger …" Daniel hat sich aber schon längst abgewendet und steht an der Bar. „Nein, nein, das ist eine Davide-Van-De-Sfroos-Coverband aus Omegna", erklärt Christa, während sie Bestellungen in die Kasse tippt. „Aber sind trotzdem alle gekommen. Wen hast du denn da mitgebracht?"
„Ach, einen Arbeitskollegen." Ich wechsle das Thema: „Was sagst du dazu, dass Nicole schwanger ist und nach Paderborn zieht?" Die Lokalchefin seufzt. „Ich hoffe einfach, dass das gut geht", sagt sie. „Ich erinnere mich an den Typen. Er und sein Freund waren ja öfters hier. Die waren mir immer etwas suspekt. Weißt du, dass sie mit Francesco viel zu tun hatten, bevor er starb? Jedenfalls habe ich Nicole gesagt, wenn etwas schiefläuft, soll sie trotzdem herkommen. Mit Kind. Dann kann sie erst bei uns babysitten und dann Teilzeit kellnern."

Hinter Christa taucht eine junge Frau mit dunklem Pagenschnitt auf. Die Haare sind mit einem Band nach hinten gebunden, die Frisur hat sich aber schon leicht aufgelöst. In der Hand hält sie zwei Teller mit gemischtem Fisch. „Schnell Christa, wo ist F 10 noch gleich?" Doch Christa hört nicht und tippt weiter Zahlen in ihre Kasse.

„Der Achter-Tisch im großen Saal ganz hinten am Fenster“, sage ich. „Danke!“, sagt sie und rennt weiter. Ich blicke mich weiter um. Alle Tische sind voll belegt, es wird überall gegessen. Der Geräuschpegel ist enorm. Dabei hat die Band noch gar nicht angefangen. Vorne an der Bar spielen ein paar ältere Männer Karten. Am Tresen hocken unter anderem Raster und der alte Mann mit dem Hund. Raster grüßt kurz und lächelt verschlagen. Ein Zahn fehlt. Ich frage mich, ob das letztes Jahr auch schon so war. Neben ihm steht Daniel und sucht immer noch nach der Aufmerksamkeit des Barista für ein Getränk. „Weißt du, wie mir das hier vorkommt“, sagt Daniel zu mir gewandt und legt mir dabei eine Hand auf die Schulter. Seine Aussprache ist etwas undeutlich geworden. „Wie eine Filmcrew!“ „Bitte?“ Er holt Luft und setzt noch einmal an: „Wie eine Filmcrew. Als ob das alles Schauspieler sind, die ‚Dorfjugend‘ spielen. Fantastisch. Ich liebe es hier!“ Dann dreht er sich plötzlich zu Raster um und haut ihm auf den Rücken. Ich zucke zusammen. „Toll hier“, ruft er ihm auf Deutsch ins Ohr und hebt sein Glas zum Anstoßen. Raster grinst und ordert dann zwei neue Bier. Ich lasse Daniel dort sitzen.

Ich will die neue Kellnerin etwas fragen. Bevor ich sie abfangen kann, hält mich jemand am Arm fest. Ich drehe mich um. An Tisch S3 sitzt Antonio mit ein paar anderen Männern aus dem Dorf. „Hallo“, grüße ich ihn. Und gehe gleich auf Abstand. Nicht, dass er Salsa tanzen will, sobald die Band anfängt zu spielen. „Hast du Karneval gut überstanden?“, frage ich schnell zum Ablenken. „O ja, super!“, sagt er. „Und ich will mich noch bei dir bedanken!“ „Bedanken? Wofür denn?“ „Für den guten Rat, den du mir gegeben hast! Ich habe ihn gleich umgesetzt.“ „Ach ja? Was habe ich denn gesagt?“ Er strahlt mich an. „Dass ich meinen Job als Finanzberater an den Nagel hängen und

Bäcker werden soll." Ich muss mich zusammenreißen, um nicht laut aufzulachen. „Das habe ich gesagt?" „Ja, auf dem Schiff damals. Bei dem Erdrutsch. Das war eine so gute Idee", redet Antonio weiter. „Das hätte ich längst tun sollen. Ich bin richtig glücklich jetzt. Im Moment bin ich noch angestellt in dem Laden, aber ich werde die Pasticceria wohl ganz übernehmen." Ich verbeiße mir immer noch ein Lachen. Ich muss unbedingt besser aufpassen, was ich sage. „Ja, dann freue ich mich, dass ich helfen konnte ...", verabschiede ich mich schnell von Antonio, denn ich sehe die neue Kellnerin auf mich zukommen.

„Wie gefällt es dir?", will ich wissen. „Du bist doch auch aus Deutschland, oder?" Sie streicht sich abgekämpft die Haare aus dem Gesicht. „Mal sehen. Ich habe ja gerade erst angefangen." „Kommst du mit Mino klar?", frage ich lachend. „Glaub mir, der ist nicht so schlimm, wie er aussieht." „Wer ist Mino?", fragt sie verwirrt. Ich drehe mich zu Christa um. „Ist Mino nicht da? Das verstehe ich nicht. Der wollte doch unbedingt hier wieder arbeiten. Der hat doch hier wahrscheinlich zum ersten Mal in seinem Leben Freunde gefunden. Oder wie auch immer man Leute nennt, mit denen man im Boccio am Spielautomaten daddelt." „Dem mussten wir absagen. Der hat ja immer nur gestritten in der Küche. Und das Geschirr war auch nicht richtig sauber. Jetzt haben wir Rosalia, die macht das super." Ich bin überrascht. Und fast ein wenig traurig. Nicht nur, weil Mino mir leidtut. Es ist halt doch nicht mehr so wie im letzten Jahr.

Nach Mitternacht kurven wir die Uferstraße zurück in Richtung Locarno. Auf der anderen Seeseite glitzern die Lichter der Häuser und Straßenbeleuchtung. In dieser bewölkten und mondlosen Nacht ist es ansonsten völlig dunkel. Hin und wieder kommt uns ein Auto entgegen, aber viel Verkehr ist nicht. „Echt cooler Ort", sagt Daniel. „Aber wohnen könnte ich dort nicht. Zu klein." „Ja, geht mir auch so", sage ich. „In Locarno fühle ich mich freier. Man steckt nicht so in diesem Dorf-Mikrokosmos drin." Wir fahren eine Weile schweigend weiter. „Wo gefällt es dir besser?", will Daniel plötzlich wissen. „Hier oder in Deutschland." „Das ist eine Frage, die ich immer wieder mal gestellt bekomme. Darauf kann ich nicht pauschal antworten. Einiges ist hier besser oder schöner, anderes in Deutschland. Es ist abhängig von der Tagesform und der Aktivität, der man nachgehen möchte." Er nickt. „Ich dagegen bin froh, wenn ich wieder in der Deutschschweiz bin", sagt er plötzlich. „Jetzt, Ostern?", frage ich. „Nein, ich meine generell. Im Alltag fühle mich da wohler. Zum Glück habe ich den neuen Job. Im Tessin mache ich dann nur noch Urlaub." Beinahe verliere ich in einer engen Kurve die Beherrschung über das Auto. „Du hast einen neuen Job?", frage ich. „Ja, als Pressesprecher bei einem Getränkekonzern." Ich schaue ihn kurz von der Seite an. „Seit wann?" „Ach, das weiß ich schon eine ganze Weile. Seit dieser Woche ist es definitiv. Nach Ostern wollte ich es den anderen mitteilen." „Ja, aber ich denke du willst ... hier Karriere machen?" „Hier? Nein. Ich habe es dir doch schon gesagt. Ich dachte, du würdest vielleicht gerne im Tessin bleiben, jetzt, wo du mit Lorenzo zusammenziehst." „Was? Nein, Moment ... Wovon sprichst du?" „Ich sagte doch neulich in der Cafeteria zu dir, dass du dich an mich halten sollst, wenn du hier länger arbeiten willst. Weil doch meine Stelle frei wird." Ich muss mich kurz auf das Fahren konzentrieren, weil wir mit dem Auto die Zollstelle passieren. Es ist aber alles geschlossen. „Das habe ich wohl anders verstanden." „Aha!" Wir fahren eine Weile schweigend weiter. Daniel fängt an, sich auf dem Schoß eine Zigarette zu drehen. „Unserem Chef habe ich aber schon gesagt, dass es dich interessiert. So hatte ich dich zumindest verstanden. Ich glaube, es besteht die Möglichkeit, dass du so eine Art Volontariat machst." „Ach! Hm. Eigentlich habe ich ja einen Job in Deutschland. Auf freier Basis allerdings." Wir fahren an den Brissago-Inseln vorbei, die wie große Schatten auf dem Wasser liegen. Vor mir sehe ich von weitem den Hang über Locarno mit den glitzernden Lichtern der Fenster und Straßenlaternen. „Das Haus ...", kommt mir in den Sinn. Morgen früh werde ich vorsichtshalber als Erstes Lorenzo anrufen und ihm sagen, dass er dem Vermieter nicht gleich absagen soll.